Aprendizagem Socioemocional

Dados Internacionais de Catalogação na Publicação (CIP)
(Câmara Brasileira do Livro, SP, Brasil)

Silva, Solimar
  Aprendizagem socioemocional : atividades práticas para a sala de aula : Ensino Fundamental II e Ensino Médio / Solimar Silva. – Petrópolis, RJ : Vozes, 2025.

  ISBN 978-85-326-7054-0

  1. Aprendizagem – Metodologia 2. Educação socioemocional 3. Prática de ensino 4. Prática pedagógica 5. Professores – Formação 6. Sala de aula I. Título.

24-208445   CDD-301

Índices para catálogo sistemático:
1. Educação socioemocional   370.115

Eliete Marques da Silva – Bibliotecária – CRB-8/9380

SOLIMAR SILVA

Aprendizagem Socioemocional
Atividades práticas para a sala de aula

ENSINO FUNDAMENTAL II
E ENSINO MÉDIO

EDITORA VOZES

Petrópolis

© 2025, Editora Vozes Ltda.
Rua Frei Luís, 100
25689-900 Petrópolis, RJ
www.vozes.com.br
Brasil

Todos os direitos reservados. Nenhuma parte desta obra poderá ser reproduzida ou transmitida por qualquer forma e/ou quaisquer meios (eletrônico ou mecânico, incluindo fotocópia e gravação) ou arquivada em qualquer sistema ou banco de dados sem permissão escrita da editora.

Conselho Editorial

Diretor
Volney J. Berkenbrock

Editores
Aline dos Santos Carneiro
Edrian Josué Pasini
Marilac Loraine Oleniki
Welder Lancieri Marchini

Conselheiros
Elói Dionísio Piva
Francisco Morás
Teobaldo Heidemann
Thiago Alexandre Hayakawa

Secretário executivo
Leonardo A.R.T. dos Santos

Produção editorial

Aline L.R. de Barros
Anna Catharina Miranda
Eric Parrot
Jailson Scota
Marcelo Telles
Mirela de Oliveira
Natália França
Priscilla A.F. Alves
Rafael de Oliveira
Samuel Rezende
Verônica M. Guedes

Editoração: Débora Spanamberg Wink
Diagramação: Editora Vozes
Revisão gráfica: Nilton Braz da Rocha
Capa: Anna Ferreira Coelho

ISBN 978-85-326-7054-0

Este livro foi composto e impresso pela Editora Vozes Ltda.

Sumário

Por que este livro? 9

Como este livro está dividido 15

Parte 1

Aprendizagem socioemocional e um modelo para
direcionar nosso trabalho........................... 21
    Um modelo de estrutura para nossas aulas............ 26

Parte 2

Atividades para a sala de aula......................... 33

1 – Autoconhecimento 35
    Eu me conheço 35
    Caixa de elogios.................................... 37
    Mímica das emoções 38
    Linha do tempo.................................... 39
    Círculo dos valores 41
    Questionário de autoconhecimento.................. 43
    Identidade múltipla................................ 46
    Técnica do espelho 48
    Emoções da semana 51
    Roda da vida 52
    Eu sou... porque................................... 54
    Meu escudo pessoal 56

2 – Autorregulação ... 59

Estátua ... 59
Respiração tranquila ... 60
POC – Pare, Observe, Compartilhe ... 61
Controle de impulsos ... 62
THINK ... 65
Caixa de ferramentas ... 69
Semáforo emocional ... 73
Autoavaliação ... 75
Dança das emoções ... 76
Grounding Technique ... 79
Quadro dos sonhos e meta SMART ... 80
Matriz de Eisenhower ... 83

3 – Tomada de decisão responsável ... 87

Autoavaliação para tomada de decisão ... 87
Labirinto ético ... 90
Mercado de valores éticos ... 92
O conselho ... 94
Tabuleiro das decisões ... 98
As 7 perguntas ... 104
CEO por um dia ... 107
Consenso ... 111
Prós e contras com notas ... 114
Questão de prioridade ... 116
Jogo da história interativa ... 118
Dilemas éticos em quadrinhos ... 121

4 – Habilidades de relacionamento ... 125

Escuta ativa ... 125
Quebra-gelo ... 128
Storytelling colaborativo ... 131
Mural de relacionamentos saudáveis ... 132
Construção de redes de apoio ... 133
Características compartilhadas ... 135
Escuta empática ... 136
Qualidades únicas ... 137
Eu me importo ... 138
Jogo de resolução de conflitos ... 139
Mural de *feedback* construtivo ... 145
Teias de conexão ... 146

5 – Consciência social 147
Painel de diversidade 147
Ação comunitária 149
Painel de especialistas........................ 150
Cartazes da diversidade 152
Simulações de situações interculturais............... 154
Árvore da comunidade........................ 157
Detetive social 158
Cadeiras do empoderamento 160
Análise de notícias 163
Linha do tempo de conquistas sociais............... 164
Campanha de conscientização 165
Papel na parede.............................. 167

Parte 3

Práticas de autocuidado para professores............. 171
Prática de gratidão 172
Meditação guiada 173
Exercícios de respiração........................ 173
Passeio consciente............................ 173
Prática de autocompaixão 174
Mapeamento emocional........................ 174
Exercícios de alongamento e relaxamento............ 175
Conexão com a natureza 175
Escrita terapêutica........................... 176
Prática de *mindfulness* 176
Visualização guiada 176
Círculo de apoio 177

Por que este livro?

Leciono em escola pública há quase 20 anos. Para adolescentes, há quase 30. Cada vez mais tenho percebido a fragilidade emocional dos nossos alunos diante de um mundo tão conturbado. E isso foi intensificado com a pandemia. Dois anos sem interação social, laços de amizade mais fortes, contato pessoal, acrescentando-se ainda o medo constante e as perdas que algumas famílias sofreram – e a tecnologia, que, se por um lado é uma bênção, qualquer um que tenha um adolescente em casa ou na escola sabe que, por outro lado, ela pode ser muito perigosa para o desenvolvimento socioemocional da criança e do adolescente.

Em 2021 me vi em turmas apáticas, com defasagem educacional por não terem tido aula no ano anterior e estarem tendo aulas a cada duas semanas naquele ano. Eles e eu chegamos ao fim do ano nos arrastando, seguindo um livro didático que não dialogava com suas necessidades.

E presenciei o número crescente de alunos tão jovens que estavam enfrentando problemas como depressão, automutilação, desânimo, timidez, agressividade, descontrole, medo, ansiedade, angústia, entre tantas questões.

Eu mesma estava em casa com meu filho passando por maus bocados desde o primeiro mês de pandemia, resultando em ansiedade, pensamentos negativos e confusão.

Cheguei em dezembro exausta e angustiada.

Então, fiz uma promessa a mim mesma de que no ano seguinte eu buscaria concentrar meus esforços em tornar as aulas mais focadas nas necessidades e nos interesses dos meus alunos. E eu iria dedicar o ano inteiro a estudos, para que eu pudesse me atualizar ou pelo menos refrescar minhas ideias. Eu queria fazer isso por eles e pelo meu filho.

Tinha acabado de escrever essa meta quando apareceu um e-mail para mim do Online Professional English Network (Open), do Departamento de Estado dos Estados Unidos. Era um curso sobre como integrar a tecnologia ao ensino de Língua Inglesa. Fiquei curiosa, embora não pudesse contar com tecnologia digital nas minhas aulas.

O curso era intenso e demandou bastante dedicação para completá-lo – lendo, participando de fóruns, entregando trabalhos semanais. Quando terminei, achei que poderia dar um tempo nos estudos, porque realmente a carga tinha sido muito pesada com as 10 horas semanais de dedicação – para quem trabalha 15 horas em uma escola pública, cerca de 45 horas em seu negócio próprio e ainda com um filho na idade da adolescência.

Mas, logo em seguida, veio o Brazilians Innovating on the Teaching of English (Brite), que uma ex-aluna, agora professora e amiga, tinha me recomendado em 2019. Seriam 18 sábados com minhas manhãs comprometidas com outro curso bastante intenso: 18 semanas, cerca de 60 horas de aula ao vivo, 165 artigos lidos e fichados, um projeto final, mais atividades adicionais opcionais. Eu me joguei de cabeça e a cada sábado via a possibilidade de melhorar minha prática e ajudar meus alunos a terem maior interesse pelas aulas de inglês na escola.

Quase terminando, definitivamente eu disse que deveria dar uma pausa, que já havia estudado bastante. Porém, recebi o convite do Escritório Regional de Língua Inglesa (Relo) dizendo que eu havia sido nomeada para um novo curso. Confesso que enquanto lia o e-mail, feliz pela nomeação, eu disse para mim mesma: "Não, outro curso agora não dá". Contudo, quando li o título, lá estava eu clicando no link de inscrição para participar, ansiosa para saber como eu poderia aumentar a motivação e o engajamento dos meus alunos. O curso era sobre como motivar e engajar os alunos na aula. Que professor não precisa disso?

Por sorte, a data de início do curso era na semana de término do outro, o que facilitou a questão de manejo de tempo para dar conta de todas as demandas.

Novamente, um curso impecável e que ampliou incrivelmente minha percepção de como a mudança começa na gente quando queremos que nossos alunos se engajem em nossas aulas. Passei a estar mais atenta se eu estava buscando levar aprendizado significativo para a sala de aula, e os alunos começaram, pouco a pouco, a realmente participar mais e arriscar a falar em inglês.

E, então, era quase fim do ano e eu pensei: meta cumprida. Eu tinha tido um ano intenso de cursos ricos e agora o plano era rever anotações, ideias, planejamentos, tarefas, para preparar o ano de 2023 de forma ainda melhor.

E, então, veio outro e-mail. E meu coração imediatamente identificou o que eu havia procurado durante todo o ano, e que só veio até mim devido ao caminho percorrido: eu fui nomeada para participar de um curso presencial nos Estados Unidos, sobre como integrar aprendizagem socioemocional às aulas de língua inglesa.

Era isso que eu estava procurando o tempo todo, sem saber exatamente como encontrar. E ele só foi possível por eu ter sido nomeada como aluna de alto desempenho nos cursos anteriores.

Preciso abrir um parêntese para você que talvez ainda não me segue nas redes sociais e que, por isso, não conheça minha história: definitivamente, na época de escola eu não era uma aluna brilhante. Pelo contrário, era muito medíocre. Nunca estive em *ranking* de melhores alunos. Vivia perdida nas aulas de matemática e passava nas disciplinas com esforço.

Todo meu esforço me levou a Washington, na sede da World Learning, com outros professores de inglês de 24 outras nacionalidades, a fim de aprender a integrar a aprendizagem socioemocional às aulas de língua inglesa.

E, como professora de inglês aqui no Brasil, lembrei que apenas cerca de 3 a 5% da população fala inglês. Desta maneira, ainda durante o curso, decidi sistematizar o que aprendi e compartilhar, para que um número maior de professores pudesse refletir sobre seu papel em sala de aula e contribuir na formação de indivíduos emocionalmente mais fortes e comunidades mais sadias.

Este livro não seria possível sem a bolsa de intercâmbio que o Departamento de Estado dos Estados Unidos me concedeu, através da Embaixada dos Estados Unidos no Brasil, por intermédio do Relo, e com parceria e realização da FHi360 e da World Learning. Por isso, meus agradecimentos especiais a todas as pessoas envolvidas para que eu pudesse aprender e, agora, compartilhar esse conhecimento. Em especial, agradeço a Helmara Moraes e Felipe Ferreira, do Relo, por todo o incentivo ao longo desse período.

Agradeço também a todos os tutores, mentores e mediadores dos cursos online, tanto do programa Open quanto do Brite, e, especificamente, meus agradecimentos seguem às mediadoras do curso presencial na World Learning: Holly Marvin, Kara McBride, Radmila Popovic (em memória). Vocês foram um modelo incrível de suporte emocional a todos nós!

To my colleagues from the exchange program, I would like to say that learning from you was the most powerful and rich experience I have had in my professional life! Thank you all, folks!

Solimar Silva

Como este livro está dividido

Na parte 1 do livro, apresento o suporte teórico para um modelo de trabalho com a aprendizagem socioemocional em nossas aulas, descrevendo o modelo Collaborative for Academic, Social and Emotional Learning (Casel) em detalhes, com suas cinco áreas de abrangência e as características de cada habilidade socioemocional abordada por esse modelo.

Embora eu seja entusiasta de atividades práticas que a gente pode aplicar a qualquer momento em nossas salas – e meus livros pela Editora Vozes têm esse viés –, pensei que para este livro seria bom apresentar a parte teórica que dá sustento ao nosso trabalho em sala de aula.

É importante entendermos os fundamentos para termos mais segurança ao fazer um projeto ou plano de aula que envolva alguma competência emocional.

Talvez você que está lendo este livro tenha pouca ou nenhuma familiaridade com o tema. Ou talvez até já use atividades que desenvolvem competências socioemocionais dos seus alunos, mas não sabe que já o faz. Ou mesmo talvez você já seja experiente no campo e deseje sistematizar um pouco mais sua prática em sala de aula.

Então, na parte 1 deste livro apresento tanto o modelo Casel como cada uma das competências emocionais – AUTOCONHECIMENTO, AUTORREGULAÇÃO, TOMADA DE DECISÃO RESPONSÁVEL, HABILIDADES DE RELACIONAMENTO e CONSCIÊNCIA SOCIAL. Esse conhecimento acerca das habilidades que esse modelo apresenta vai nos ajudar a advogar em nossas escolas acerca da integração da aprendizagem socioemocional em nosso currículo, de forma a que, na medida do possível, sejam parte integrante de nossas aulas.

Em seguida, na parte 2, dividida em cinco capítulos, apresento sugestões de atividades para cada uma das competências. São atividades de aquecimento, jogos, dinâmicas e atividades colaborativas que objetivam ajudar os alunos na jornada de desenvolvimento das suas habilidades socioemocionais.

Essa parte é aquela que a gente pode abrir durante nosso planejamento para verificar qual se encaixa melhor no nosso plano de aula, no perfil da turma, nas necessidades dos alunos etc. Cada atividade contém o passo a passo de como ser conduzida em nossas turmas.

Por fim, na parte 3, trago algumas sugestões de práticas de autocuidado e de fortalecimento de habilidades socioemocionais para os próprios professores. Muitas vezes, cuidamos de todos na nossa sala de aula e até na nossa escola e, infelizmente, com grande facilidade, acabamos nos esquecendo de cuidar de nós mesmos. Pequenas atividades de autocuidado podem favorecer a renovação das nossas energias para continuar esse trabalho tão importante de integrar o desenvolvimento de habilidades socioemocionais em nossas aulas.

Em nenhuma parte do livro tenho a pretensão de esgotar o assunto. Pelo contrário, o propósito aqui foi trazer ideias práticas que nos mobilizem a iniciar o trabalho de integração da aprendizagem socioemocional em nossas aulas e a ter um desejo maior de aprendermos e nos desenvolvermos mais, visando a uma sociedade mais saudável e feliz.

Divirta-se enquanto integra a aprendizagem socioemocional a suas aulas! E me conte no Instagram @professorasolimarsilva o que você aplicar em suas aulas. Vai ser uma alegria dividirmos experiências.

Parte 1

Aprendizagem socioemocional e um modelo para direcionar nosso trabalho

Existem diferentes estudos e práticas internacionais e nacionais voltadas ao trabalho com competências socioemocionais (p. ex.: Organização para a Cooperação e Desenvolvimento Econômico, Casel, Wida, Center for Curriculum Redesign e até o próprio Ministério da Educação). Além do estudo e da disseminação do conhecimento, diferentes avaliações de grande escala contemplam as competências socioemocionais, como o Programa Internacional de Avaliação de Estudantes (Pisa) e o Exame Nacional do Ensino Médio (Enem).

Promover o desenvolvimento das habilidades socioemocionais é de extrema importância para o bem-estar e o sucesso dos alunos, pois essas habilidades estão diretamente relacionadas ao seu crescimento emocional, social e acadêmico. Listo a seguir, de maneira não exaustiva, algumas razões pelas quais isso é essencial:

1. Bem-estar emocional: As habilidades socioemocionais ajudam os alunos a entenderem e gerenciarem suas emoções, desenvolvendo resiliência e lidando de forma saudável com o estresse e a pressão.

2. Relacionamentos saudáveis: O desenvolvimento das habilidades socioemocionais permite que os alunos estabeleçam relacionamentos positivos, construtivos e respeitosos com colegas, professores e outras pessoas em suas vidas.

3. Habilidades de comunicação: As habilidades socioemocionais aprimoram a capacidade dos alunos de se expressarem de forma clara e eficaz, tanto verbalmente quanto por meio de linguagem corporal, promovendo melhor comunicação e entendimento mútuo.

4. Resolução de conflitos: O desenvolvimento das habilidades socioemocionais capacita os alunos a resolverem conflitos de maneira pacífica, encontrando soluções que sejam justas e mutuamente satisfatórias.

5. Autoconfiança e motivação: As habilidades socioemocionais ajudam os alunos a desenvolverem maior autoconfiança, autoestima e motivação, permitindo que eles enfrentem desafios com determinação e persistência.

Mesmo já adultos e ainda que supostamente já tenhamos desenvolvido nossas habilidades socioemocionais, não raro nós mesmos sentimos necessidade de aprimorarmos nossa inteligência emocional, tomarmos melhores decisões, fortalecermos nossa resiliência para enfrentar momentos de crise, lidarmos com conflito e acolhermos as emoções de nossos alunos.

Principalmente: muitos de nós nem sequer tivemos educação voltada para o desenvolvimento de habilidades socioemocionais, e a conta tem chegado bastante alta para todos nós.

É importante destacar que a aprendizagem emocional não é apenas mais um assunto da moda ou algo que foi inventado para aumentar nosso trabalho. Desenvolver competências socioemocionais subjaz à nossa prática no magistério desde a educação infantil. No texto da Base Nacional Comum Curricular (BNCC), páginas 9-10, lemos:

Quadro 1 – Competências gerais da educação básica

1) Valorizar e utilizar os conhecimentos historicamente construídos sobre o mundo físico, social, cultural e digital para entender e explicar a realidade, continuar aprendendo e colaborar para a construção de uma sociedade justa, democrática e inclusiva.

2) Exercitar a curiosidade intelectual e recorrer à abordagem própria das ciências, incluindo a investigação, a reflexão, a análise crítica, a imaginação e a criatividade, para investigar causas, elaborar e testar hipóteses, formular e resolver problemas e criar soluções (inclusive tecnológicas) com base nos conhecimentos das diferentes áreas.

3) Valorizar e fruir as diversas manifestações artísticas e culturais, das locais às mundiais, e também participar de práticas diversificadas da produção artístico-cultural.

4) Utilizar diferentes linguagens – verbal (oral ou visual-motora, como Libras, e escrita), corporal, visual, sonora e digital –, bem como conhecimentos das linguagens artística, matemática e científica, para se expressar e partilhar informações, experiências, ideias e sentimentos em diferentes contextos e produzir sentidos que levem ao entendimento mútuo.

5) Compreender, utilizar e criar tecnologias digitais de informação e comunicação de forma crítica, significativa, reflexiva e ética nas diversas práticas sociais (incluindo as escolares) para se comunicar, acessar e disseminar informações, produzir conhecimentos, resolver problemas e exercer protagonismo e autoria na vida pessoal e coletiva.

6) Valorizar a diversidade de saberes e vivências culturais e apropriar-se de conhecimentos e experiências que lhe possibilitem entender as relações próprias do mundo do trabalho e fazer escolhas alinhadas ao exercício da cidadania e ao seu projeto de vida, com liberdade, autonomia, consciência crítica e responsabilidade.

7) Argumentar com base em fatos, dados e informações confiáveis, para formular, negociar e defender ideias, pontos de vista e decisões comuns que respeitem e promovam os direitos humanos, a consciência socioambiental e o consumo responsável em âmbito local, regional e global, com posicionamento ético em relação ao cuidado de si mesmo, dos outros e do planeta.

8) Conhecer-se, apreciar-se e cuidar de sua saúde física e emocional, compreendendo-se na diversidade humana e reconhecendo suas emoções e as dos outros, com autocrítica e capacidade para lidar com elas.

9) Exercitar a empatia, o diálogo, a resolução de conflitos e a cooperação, fazendo-se respeitar e promovendo o respeito ao outro e aos direitos humanos, com acolhimento e valorização da diversidade de indivíduos e de grupos sociais, seus saberes, identidades, culturas e potencialidades, sem preconceitos de qualquer natureza.

10) Agir pessoal e coletivamente com autonomia, responsabilidade, flexibilidade, resiliência e determinação, tomando decisões com base em princípios éticos, democráticos, inclusivos, sustentáveis e solidários.

Além disso, é importante destacar que temos marcos legais que embasam a BNCC. A Constituição Federal de 1988, em seu art. 205, reconhece a educação como direito fundamental compartilhado entre Estado, família e sociedade: "A educação, direito de todos e dever do Estado e da família, será promovida e incentivada com a colaboração da sociedade, visando ao pleno desenvolvimento da pessoa, seu preparo para o exercício da cidadania e sua qualificação para o trabalho" (Brasil, 1988).

Para atender a tais finalidades no âmbito da educação escolar, a Carta Constitucional, no art. 210, já reconhece a necessidade de que sejam "fixados conteúdos mínimos para o Ensino Fundamental, de maneira a assegurar formação básica comum e respeito aos valores culturais e artísticos, nacionais e regionais" (Brasil, 1988).

Com base nesses marcos constitucionais, a Lei de Diretrizes e Bases da Educação Nacional (LDB), no inciso IV de seu art. 9º, afirma que cabe à União, em colaboração com os estados, o Distrito Federal e os municípios, o estabelecimento de "competências e diretrizes para a educação infantil, o Ensino Fundamental e o Ensino Médio, que nortearão os currículos e seus conteúdos mínimos, de modo a assegurar formação básica comum" (Brasil, 1996).

Na BNCC, as competências socioemocionais estão presentes em todas as 10 competências gerais. Portanto, no Brasil, até 2020, todas as escolas deveriam contemplar as competências socioemocionais em seus currículos. Diante dessa demanda, precisamos conhecer mais a aprendizagem socioemocional – ou Social-Emotional Learning (SEL).

O grande desafio que se configura atualmente é promover as competências cognitivas/acadêmicas e também as competências socioemocionais. Quanto a essa questão, o Casel (https://casel.org) aponta que investir em competências socioemocionais beneficia o aluno não apenas no desenvolvimento dessas competências, mas também no desempenho escolar de modo geral e na manutenção de uma sociedade pró-social. Portanto, para que as competências socioemocionais sejam trabalhadas no contexto escolar do aluno do século XXI, elas devem ser o foco de qualquer proposta curricular que venha a ser delineada a partir da BNCC.

Um modelo de estrutura para nossas aulas

Segundo o Casel, a educação socioemocional refere-se ao processo de entendimento e manejo das emoções, desenvolvimento de empatia e tomada de decisão responsável.

No site, lemos que a aprendizagem social e emocional é parte integrante da educação e do desenvolvimento humano, sendo o processo pelo qual "todos os jovens e adultos adquirem e aplicam os conhecimentos, habilidades e atitudes para desenvolver identidades saudáveis, gerenciar emoções e alcançar objetivos pessoais e coletivos, sentir e mostrar empatia pelos outros, estabelecer e manter relacionamentos de apoio e tomar decisões responsáveis e atenciosas".

Convém enfatizar que não é papel apenas do professor o desenvolvimento dessas habilidades socioemocionais. É necessário haver parcerias autênticas entre escola, família e comunidade para estabelecer ambientes e experiências de aprendizagem que apresentem relacionamentos de confiança e colaboração, currículo e instrução rigorosos e significativos, e avaliação contínua.

Ainda de acordo com o próprio site do Casel, a aprendizagem socioemocional pode ajudar a lidar com várias formas de desigualdade e capacitar jovens e adultos a cocriar escolas prósperas e contribuir para comunidades seguras, saudáveis e justas.

Para que isso ocorra, é fundamental a promoção da educação socioemocional nas mais diferentes situações, dentro e fora da escola, envolvendo não só a sala de aula mas também toda a comunidade escolar, a família e a sociedade, e com foco no desenvolvimento de cinco competências emocionais, já citadas (autoconhecimento, autorregulação, tomada de decisão responsável, habilidades de relacionamento, consciência social). Isso é representado na Figura 1.

Figura 1 – Estrutura da SEL

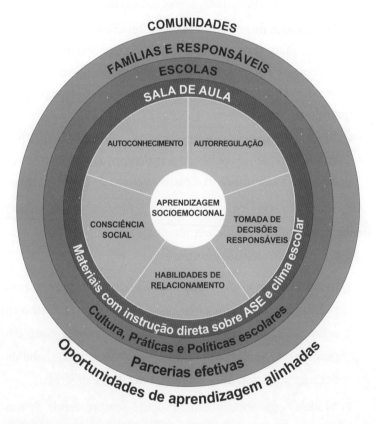

Fonte: https://vilaeducacao.org.br/blog/index.php/casel-atualiza-sua-definicao-de-aprendizagem-socioemocional/

Vejamos brevemente a que se referem cada uma das habilidades socioemocionais:

- **Autoconhecimento:** Envolve o conhecimento de si mesmo, incluindo suas forças e limitações, sempre mantendo uma atitude otimista e uma mentalidade de crescimento.

- **Autorregulação (autocontrole ou autogestão):** Relaciona--se ao gerenciamento eficiente do estresse, ao controle de impulsos e à definição de metas.

- **Consciência social:** É o colocar-se "no lugar dos outros", respeitando a diversidade. É o exercício da empatia.

- **Habilidades de relacionamento:** Relaciona-se a ouvir com empatia, falar clara e objetivamente, cooperar com os demais, resistir à pressão social, solucionar conflitos de modo construtivo e respeitoso, bem como auxiliar outras pessoas, quando necessário.

- **Tomada de decisão responsável:** Preconiza as escolhas pessoais e as interações sociais de acordo com as normas, os cuidados com a segurança e os padrões éticos de uma sociedade.

Existem diversas maneiras de se promover o desenvolvimento das habilidades socioemocionais em sala de aula. Aqui estão algumas estratégias práticas:

1. Incorporar atividades e jogos: Utilize dinâmicas, jogos e atividades que envolvam a expressão emocional, o trabalho em equipe, a resolução de problemas e a reflexão pessoal. Isso permite que os alunos pratiquem e aprimorem suas habilidades socioemocionais de maneira interativa e divertida.

2. Modelar comportamentos: Procure sempre servir de modelo de comportamentos socioemocionais saudáveis, demonstrando empatia, respeito, comunicação eficaz e resolução de conflitos. Os alunos aprendem muito observando e imitando o comportamento dos adultos.

3. Incluir momentos de reflexão: Reserve tempo para que os alunos reflitam sobre seus comportamentos, emoções e atitudes. Pergunte-lhes como estão se sentindo, o que aprenderam com determinada situação e como poderiam agir de forma diferente no futuro.

4. Promover a colaboração e a interação positiva: Crie oportunidades para que os alunos trabalhem em equipe, realizem projetos conjuntos e pratiquem habilidades de relacionamento, como escuta ativa, respeito pelas opiniões dos outros e apoio mútuo.

5. Integrar a aprendizagem socioemocional ao currículo: Identifique maneiras de integrar as habilidades socioemocionais a diversas áreas do currículo, como projetos de pesquisa que envolvam empatia, debates sobre justiça social e resolução de problemas que estimulem a tomada de decisão responsável.

Este livro é uma contribuição para que atividades diferenciadas possam favorecer o alcance do objetivo de desenvolver e/ou aprimorar habilidades socioemocionais dos nossos alunos e, por que não dizer, nossas próprias. As atividades aqui apresentadas são uma curadoria de diversas atividades que eu vivenciei no programa de intercâmbio ou troquei com diferentes professores ao longo dos meses seguintes ao meu retorno ao Brasil. Eu mesma utilizei várias das atividades aqui, integrando a aprendizagem socioemocional às minhas aulas de Língua Inglesa para turmas de 7º a 9º anos e, posso dizer, meus alunos gostaram não só das atividades, mas também da aprendizagem significativa proporcionada ao incluir o elemento socioemocional que estava faltando em minhas aulas.

3. Incluir momentos de reflexão: Reserve tempo para que os alunos reflitam sobre seus comportamentos, emoções e atitudes. Pergunte-lhes como estão se sentindo, o que aprenderam com determinada situação e como poderiam agir de forma diferente no futuro.

4. Promover a colaboração e a interação positiva: Crie oportunidades para que os alunos trabalhem em equipe, realizem projetos conjuntos e pratiquem habilidades de relacionamento, como escuta ativa, respeito pelas opiniões dos outros e apoio mútuo.

5. Integrar a aprendizagem socioemocional ao currículo: Identifique maneiras de integrar as habilidades socioemocionais a diversas áreas do currículo, como projetos de pesquisa que envolvam empatia, debates sobre justiça social e resolução de problemas que estimulem a tomada de decisão responsável.

Este livro é uma contribuição para que atividades diferenciadas possam favorecer o alcance do objetivo de desenvolver e/ou aprimorar habilidades socioemocionais dos nossos alunos e, por que não dizer, nossas próprias. As atividades aqui apresentadas são uma curadoria de diversas atividades que eu vivenciei no programa de intercâmbio ou troquei com diferentes professores ao longo dos meses seguintes ao meu retorno ao Brasil. Eu mesma utilizei várias das atividades aqui, integrando a aprendizagem socioemocional às minhas aulas de Língua Inglesa para turmas de 7º a 9º anos e, posso dizer, meus alunos gostaram não só das atividades, mas também da aprendizagem significativa proporcionada ao incluir o elemento socioemocional que estava faltando em minhas aulas.

Parte 2

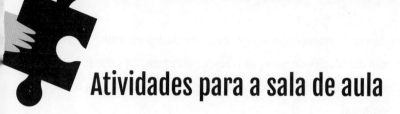

Atividades para a sala de aula

A fim de facilitar nosso trabalho na busca por atividades focadas no desenvolvimento de habilidades socioemocionais, optei por agrupar as dinâmicas propostas dentro de cada uma das habilidades, com base no quadro de referência do Casel:

1. Autoconhecimento
2. Autorregulação
3. Tomada de decisões responsáveis
4. Habilidades de relacionamento
5. Consciência social

Contudo, convém esclarecer que essa divisão não significa dizer que uma atividade trabalhe exclusivamente uma única habilidade. Você perceberá que haverá dinâmicas que poderão mesclar mais de duas habilidades socioemocionais. Mas, para fins práticos, as atividades foram apresentadas dentro de uma das cinco habilidades socioemocionais, com base no foco principal da proposta.

O objetivo foi fazer com que este livro se tornasse um material prático de acesso rápido e de fácil aplicação em contextos variados de ensino. Aos poucos, com o uso e a prática, espero que todos nós consigamos adaptar as atividades e mesmo identificar oportunidades de uso para desenvolver ou aprimorar habilidades socioemocionais além daquelas que escolhi trazer como foco principal.

Além disso, podemos sempre trocar experiências por meio de mensagens no Instagram @professorasolimarsilva ou no e-mail teachersolimarsilva@gmail.com.

Instagram
@professorasolimarsilva

E-mail
teachersolimarsilva@gmail.com

Vamos começar?

1
Autoconhecimento

Eu me conheço

Material: folha de papel (caderno ou A4), caneta.
Tempo: 20 minutos.

Passo a passo

Peça aos alunos que peguem uma folha de caderno ou A4. Em seguida, eles devem dividi-la em quatro colunas ou dobrar a folha duas vezes, formando quatro quadrantes.

Em cada parte, eles devem escrever:

"Quem eu sou?"	"Do que eu gosto?"
"O que me deixa feliz?"	"O que me deixa triste?"

Coloque uma música suave de fundo e dê tempo para que eles façam anotações, respondendo a cada uma das perguntas. Eles podem responder com desenhos, palavras soltas ou frases inteiras.

A seguir, peça que eles formem pequenos grupos de três a quatro pessoas, para que compartilhem suas respostas.

Encoraje a reflexão e a discussão sobre as respostas, promovendo a compreensão mútua e a empatia.

Além disso

Talvez alguns alunos tenham dificuldade no início em saber o que escrever. Você pode auxiliar falando sobre você em cada um dos quadrantes ou dando exemplos para eles, como no modelo a seguir.

QUEM EU SOU?	DO QUE EU GOSTO?
• Tenho 15 anos • Sou tímida • Sou a irmã mais velha • Moro com minha irmã e um irmão • Sou bagunceira • Tenho facilidade para fazer desenhos	• Amo maquiagem • Gosto de dormir • Adoro ficar com minhas amigas • Amo praia • Gosto de fazer *lettering* no meu caderno
O QUE ME DEIXA FELIZ?	O QUE ME DEIXA TRISTE?
• Tirar nota boa • Ganhar presentes • Ajudar meu irmão • Ir para uma festa no fim de semana	• Ver pessoas dormindo na rua • Quando minha mãe briga comigo • Quando uma amiga não fala comigo direito • Lembrar da minha avó que morreu

Você pode sugerir que os alunos façam um mural com as respostas, mas sem os nomes, e eles podem tentar ver se acertam de quem é cada folha. Dessa forma, além de trabalhar o autoconhecimento, você pode auxiliar os alunos a estabelecerem relacionamentos mais profundos entre eles.

Caixa de elogios

Material: folhas de papel, de preferência coloridas, canetas, uma caixa de papelão (pode ser caixa de sapatos ou qualquer outra caixa).
Tempo: 15 minutos.

Passo a passo

Cada participante recebe uma folha de papel e uma caneta.

Eles devem escrever o nome de outra pessoa do grupo no topo da folha. Se for possível, já coloque o nome de cada aluno no topo da folha, para evitar que um aluno receba mais folhas enquanto outros não recebam nenhuma.

Em seguida, eles têm alguns minutos para escrever elogios e qualidades positivas sobre a pessoa cujo nome está no topo da folha.

As folhas são dobradas e colocadas em uma caixa.

Distribua as folhas aleatoriamente para que cada pessoa receba os elogios escritos por outros e entregue à pessoa a quem os elogios foram direcionados. Outra opção é pedir aos alunos que busquem na caixa o papel com seu nome escrito.

Cada participante lê em voz alta os elogios que recebeu, o que promoverá um clima de valorização e reconhecimento mútuo.

Além disso

Pode-se trabalhar uma atividade de sensibilização antes, mostrando que todas as pessoas têm pontos positivos ou dando exemplos de elogios que podem ser dados e que, mesmo quando não conhecemos alguém tão profundamente, sejam verdadeiros.

Esses elogios podem ser coisas que a pessoa tenha, faça ou seja. Pode-se falar de aparência física, personalidade, talentos, comportamentos etc. Incentive que os alunos percebam pontos positivos na outra pessoa.

Mímica das emoções

Material: cartões impressos (podem ser manuscritos também).
Tempo: 20-30 minutos.

Passo a passo

Elabore e imprima cartões com diferentes emoções escritas neles, como alegria, tristeza, raiva, medo, surpresa, desprezo, nojo, inveja, tédio, ansiedade etc. Se não tiver papel-cartão, você pode utilizar folhas comuns para impressão. Se não tiver como imprimir, você pode escrever as emoções em pedaços de papel, utilizando canetas ou canetinhas coloridas.

Divida a turma em dois grupos, tire par ou ímpar com os integrantes e peça que um aluno de cada grupo, por vez, pegue um dos cartões e expresse a emoção que está contida nele, sem revelar aos colegas o que está escrito. Eles devem expressar a emoção por meio de um gesto ou expressão facial, enquanto os outros participantes tentam adivinhar qual emoção está sendo representada.

Você pode pontuar no quadro o acerto de cada grupo apenas por diversão ou pode dar pequenos mimos, como balas ou adesivos para quem acertar (incentivando a participação de todos, não só de alguns). Incentive a discussão sobre como cada emoção é expressa e como as pessoas se sentem em diferentes situações.

Além disso

Depois das rodadas com todos os cartões, promova um debate a respeito do quão confortáveis eles se sentem para demonstrar suas emoções ou mesmo para "ler" as emoções das outras pessoas em diversos contextos. Você pode mencionar também os microgestos ou microexpressões faciais que comunicam emoções, ainda que de forma quase imperceptível.

Se for possível, pode passar o trecho de *Divertida Mente 2* em que a Riley está no carro com as amigas e, apenas por observar uma microexpressão no rosto das meninas, percebe que elas estão escondendo algo.

Se houver espaço nesse momento, pode pedir a eles que escrevam qual emoção estão sentindo ao fim da aula.

Linha do tempo

Material: folha de papel A4, branca ou colorida.
Tempo: 50-60 minutos.

Passo a passo

Cada aluno recebe uma folha de papel e desenha uma linha horizontal no centro dela. Na linha, eles devem colocar marcos importantes de suas vidas, como nascimento, entrada na escola, mudanças significativas, conquistas etc. Exemplo:

2012	2017	2019	2021	2022	2023
Nasci	Primeira escola	Viagem	Vó morreu	Festa	Nova escola

Claro que pode haver mais de um evento marcante em um mesmo ano. Esse exemplo é só para ilustrar um modelo simples da linha do tempo.

É importante que os alunos não incluam apenas eventos alegres em suas linhas do tempo. Convém que eles sejam lembrados de que todas as experiências formaram quem cada um de nós é hoje, sejam experiências positivas ou negativas.

Em seguida, peça que eles compartilhem suas linhas do tempo em pequenos grupos, discutindo as experiências e os sentimentos associados a cada marco.

Essa dinâmica ajuda os participantes a refletirem sobre suas jornadas pessoais e a reconhecerem a importância de diferentes eventos em suas vidas. Ter uma noção dos eventos mais marcantes para nós mesmos ajuda-nos na jornada de autoconhecimento, celebrando quem vamos nos tornando e valorizando nossas conquistas e realizações.

Além disso
Posteriormente, você também pode pedir que eles escrevam uma espécie de memorial, utilizando cada marco destacado na linha do tempo em um parágrafo do texto. Dessa maneira, cada evento marcado na linha do tempo pode servir de orientação para escrever esse memorial de maneira cronológica.

Opcionalmente, você pode pedir que os alunos escrevam e completem, nas folhas da linha do tempo, a seguinte frase:

Uma coisa que aprendi sobre mim ao fazer minha linha do tempo foi _____

Além do autoconhecimento, pode ser que as respostas trabalhem autoestima, autossuficiência, resiliência, entre outros atributos, de acordo com as realizações, as conquistas e os momentos difíceis que tenham sido sobrepujados.

E você, como ficaria sua linha do tempo?
Compartilhe nas redes sociais e me marque:

@professorasolimarsilva

Círculo dos valores

Material: cartões ou papéis adesivos coloridos, canetas ou canetinhas.

Tempo: 30 minutos.

Passo a passo

Forme um círculo com os participantes e distribua cartões ou papéis adesivos coloridos para cada um. Peça a cada participante para escrever seus valores pessoais nos cartões (p. ex.: amor, honestidade, respeito, criatividade etc.).

> Veja o quadro de sugestões de palavras ao fim da explicação desta dinâmica.

Em seguida, cada pessoa compartilha um de seus valores com o grupo, explicando por que aquele valor é importante para ela. Então, os cartões são colocados no centro do círculo, formando um conjunto de valores compartilhados pelo grupo.

Essa dinâmica ajuda os participantes a identificar e discutir seus valores pessoais, além de promover a compreensão mútua e o respeito pelas diferenças.

Além disso

Dependendo da idade dos alunos, talvez o conceito de valores ainda seja muito vago para eles escolherem palavras. Então, você pode compartilhar uma lista, como a que está a seguir, dizendo para que escolham entre cinco e sete palavras, por exemplo. Daí, ao fazer o compartilhamento em círculo, eles podem explicar por que os valores escolhidos são importantes para eles.

confiança	proximidade	amizade	amor
sucesso	mudança	criatividade	lealdade
autenticidade	conexão	harmonia	aprendizado
afeição	contribuição	propósito	inovação
família	energia	independência	prazer
equilíbrio	disciplina	segurança	propósito
realização	crescimento	riqueza	sabedoria
aventura	liberdade	integridade	ordem
paz	trabalho em equipe	poder	espiritualidade
respeito	relacionamento	ordem	diversão

Outra variação é a seguinte: ao pedir a eles que escolham cinco valores, logo em seguida você pode pedir que eles os coloquem em ordem de prioridade. Por exemplo, se a família foi escolhida como número um e riqueza ou dinheiro como número dois ou três, percebe-se que, quando houver momentos de escolhas difíceis, essa categorização dos valores principais vai ajudar nas decisões, na escolha do que é prioridade.

Por exemplo, eu escolhi não trabalhar aos domingos porque prezo passar um tempo com minha família mais do que ganhar dinheiro. Outro exemplo: eu prezo minha liberdade, mas, como a família vem em primeiro lugar, possivelmente eu rejeitaria uma proposta de emprego para morar muito longe da família por tempo indeterminado.

Questionário de autoconhecimento

Material: questionário impresso ou no formato digital.
Tempo: 30-50 minutos.

Passo a passo

Prepare um questionário com perguntas que incentivem a reflexão sobre diferentes aspectos da vida, como personalidade, interesses, metas etc. Os participantes preencherão o questionário individualmente. Depois, eles podem compartilhar suas respostas em pequenos grupos, discutindo suas reflexões e descobertas.

Essa atividade promove a autorreflexão e o autoconhecimento, além de incentivar a troca de experiências e perspectivas entre os participantes.

Além disso

A seguir, apresentamos algumas perguntas que você pode incluir no questionário. Veja se elas têm a ver com a faixa etária, os hábitos e os interesses dos seus alunos. Se necessário, adapte-as ou crie outras. Você pode escrever as perguntas no quadro para eles copiarem ou providenciar cópias manuscritas ou digitadas. Dependendo do seu contexto, pode organizar um formulário online, como no Google, com envio de resposta automática para o e-mail dos alunos.

Eu particularmente prefiro o formulário online, porque recebo todas as respostas e fica fácil de consultá-las depois. Caso sua escola não tenha internet e/ou computadores, você pode informar o link ou código QR para os alunos responderem em casa.

Outra sugestão é utilizar a metodologia ativa da rotação por estação e ter alguns celulares com acesso à internet. Assim, parte da turma pode responder enquanto a outra parte está fazendo outras tarefas em outras estações, fazendo-se a rotação de acordo com o tempo de término para cada um.

De qualquer modo, a lista a seguir traz apenas sugestões. Inclua somente o número necessário para o seu objetivo com seus alunos, e não todas as perguntas. Combinado?

1) Qual seu maior sonho?

2) O que faz você relaxar?

3) Quais são os principais talentos que você possui?

4) Qual é a sua definição de sucesso?

5) Quais são as suas três atividades favoritas?

6) Quais são as pessoas com quem você gosta de passar o seu tempo?

7) Qual é o seu objetivo de vida?

8) O que você gostaria de aprender, mas ainda não aprendeu?

9) Quais as três coisas que você gostaria de aprender este ano?

10) O que estressa você?

11) O que deixa você furioso?

12) O que deixa você apavorado?

13) O que deixa você motivado?

14) Como você enxerga a si mesmo?

15) Como você gostaria que os outros o vissem?

16) Quais foram os três pontos mais positivos da sua infância?

17) Quais foram os três pontos mais negativos da sua infância?

18) Quais são as suas cinco qualidades mais preciosas?

19) Você está colocando essas qualidades em prática hoje?

20) Quais são os seus três maiores defeitos?

21) Os problemas causados por esses defeitos afetam mais você ou os outros?

22) Quais são as três pessoas que você mais admira?

23) Quais são as três principais qualidades que você admira nessas pessoas?

24) Você possui alguma dessas características?

25) Quais são as suas três características físicas que você mais admira?

26) Você sempre as admirou ou essa admiração é algo recente?

27) Você tende a procurar pessoas parecidas ou diferentes de você? Por quê?

28) Onde você conheceu a maior parte dos seus amigos?

29) Quais são as características que você não aprecia nos outros?

30) Quais dessas características estão presentes em você?

31) Quais são os seus objetivos para este ano?

32) Como você se vê daqui a cinco anos?

33) Quais os conselhos que você teria dado a si mesmo há três anos?

34) Quais os conselhos que você daria a si mesmo para o futuro?

Identidade múltipla

Material: folha A4, cola, revistas ou imagens impressas, lápis de cor, canetinha.

Tempo: cerca de duas aulas de uma hora.

Passo a passo

Peça aos alunos que colem em uma folha A4 (ou papel-cartão) imagens variadas que representem diferentes aspectos de suas identidades. Por exemplo, eles podem colocar imagens deles ou de pessoas frequentando igrejas, dançando, praticando esportes, ajudando em casa etc.

Depois que fizerem a colagem em uma folha mais firme, como papel-cartão ou cartolina, eles podem pegar um molde de quebra-cabeça e recortar as imagens.

Quando os alunos terminarem de colar seus quebra-cabeças, eles podem se juntar em pequenos grupos e montar os quebra-cabeças uns dos outros enquanto conversam sobre as diferentes identidades dos colegas. Quem o elaborou pode ir contando essas múltiplas facetas e dizer com qual mais se identifica ou mais gosta de lidar no seu dia a dia.

Além disso

Quando todos os grupos tiverem montado os quebra--cabeças e conversado sobre as múltiplas identidades de cada um, você pode propor que eles compartilhem com a turma toda suas reflexões e as curiosidades que descobriram durante a atividade, tanto sobre si mesmos como sobre os colegas.

Este é um momento que propicia o fortalecimento das relações dos alunos, que passam a conhecer facetas dos colegas que talvez fossem desconhecidas até então. Por exemplo, pode haver na turma algum aluno que dispute algum esporte profissionalmente, que tenha talentos ainda não descobertos pela turma ou que já tenha tido experiências interessantes para enriquecer o repertório deles. Incentive esse compartilhamento também.

Encontrei um modelo de quebra-cabeça com o passo a passo de como criar o seu utilizando um documento do Word. Você pode usá-lo com a turma, para os alunos fazerem o recorte de seus trabalhos. Adapte o modelo conforme o tamanho da colagem dos alunos.

Figura 2 – Modelo de quebra-cabeça

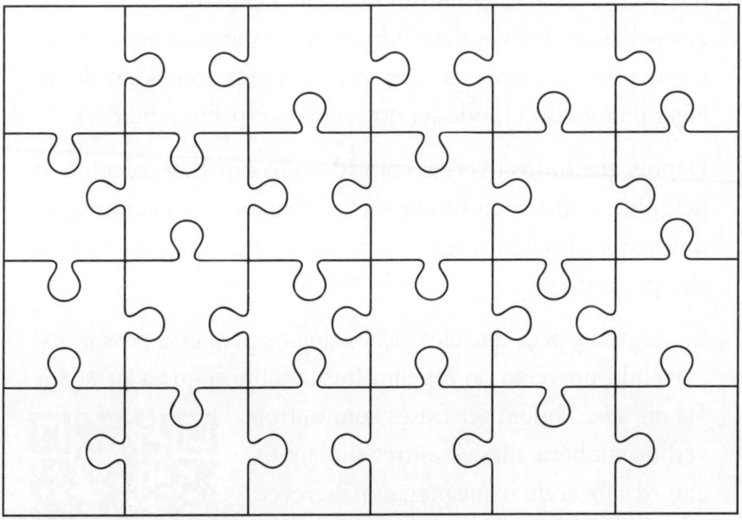

Fonte: https://tempolivre.umcomo.com.br/artigo/como-fazer-um-quebra-cabeca-no-word-29810.html Acesso em julho/2024

Técnica do espelho

Material: canetinhas, giz de cera ou lápis de cor, uma folha A4 com o desenho de um espelho de mão.
Tempo: duas aulas de 50 minutos.

Passo a passo

Comece a aula pedindo que os alunos deem exemplos de elogios que pessoas podem fazer sobre outras pessoas utilizando os verbos "ser", "ter" e "fazer". Por exemplo, pode-se dizer que uma pessoa tem um sorriso muito espontâneo e sincero, é organizada e faz as pessoas se sentirem acolhidas.

Depois, entregue uma folha para cada pessoa com o desenho de um espelho e peça que elas customizem seus espelhos, primeiro cortando o desenho e, em seguida, pintando-o da forma que acharem melhor, deixando apenas a parte do espelho em si sem pintar. Oriente que eles escrevam seus nomes em algum lugar da moldura (pode ser no verso do espelho também).

Depois que todos tiverem colorido seus espelhos, recolha os desenhos e distribua-os aleatoriamente para cada aluno, pedindo que eles não revelem o nome do dono do espelho que eles pegaram.

Em seguida, peça que eles façam elogios para essa pessoa, escrevendo no verso do espelho frases sobre o que a pessoa *é*, *faz* ou *tem*. Podem ser frases com outros verbos também, mas esses três ajudam os alunos a focarem o que precisam escrever.

Se preferir baixar o arquivo para impressão em papel A4, utilize o Qr Code ao lado ou acesse o link:

vozes.com.br/aprendizagem-socioemocional

Figura 3 – Espelho

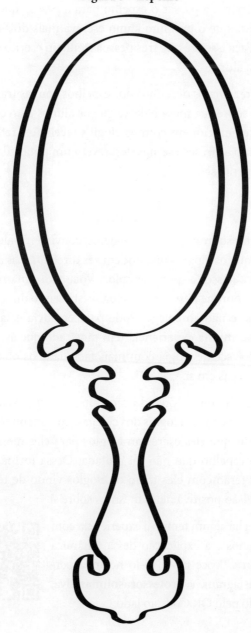

Depois que eles terminarem de escrever de duas a três coisas, você os orienta a passar o espelho para a pessoa que está à frente, para que o próximo aluno escreva mais dois ou três elogios. Faça isso até que três pessoas tenham escrito elogios para cada aluno.

Por fim, recolha os desenhos dos espelhos com as frases, espalhe-os sobre sua mesa e deixe que os alunos os recolham, leiam e se emocionem com os elogios recebidos, refletindo sobre como as frases escritas descrevem um pouco de quem eles realmente são.

Além disso
Ao orientar sobre a escrita dos elogios, convém ressaltar para a turma que os elogios não podem ser direcionados a coisas externas à pessoa – por exemplo, "Você tem uma mochila bonita" –, porque nesse caso o elogio está sendo direcionado à mochila e não ao colega. Pode parecer óbvia essa orientação, mas minha experiência tem mostrado que às vezes o aluno adolescente elogia com mais facilidade os objetos do que os colegas em si.

Ao fim da dinâmica, quando cada aluno receber seus espelhos de volta com os elogios dos colegas, opcionalmente você pode pedir que eles escrevam elogios para eles mesmos na parte do espelho que não foi pintada. Dessa forma, os estudantes terão com eles tanto os elogios vindo de terceiros como a visão positiva deles mesmos sobre si.

Publiquei há algum tempo a experiência com meus alunos e a explicação dessa dinâmica em um *reel*. Você pode vê-lo no meu perfil do Instagram, **@professorasolimarsilva**, acessando pelo QR Code ao lado.

Emoções da semana

Material: folhas de caderno ou papel A4, *post-its*, canetas, canetinhas, lápis de cor, objetos variados que estiverem disponíveis para uso na dramatização.

Tempo: cerca de duas aulas de 50 minutos.

Passo a passo

Peça que os alunos pensem nos seus últimos sete dias, lembrando os acontecimentos e listando as emoções que sentiram. Por exemplo, eles podem ter ido mal na prova de História e terem se sentido frustrados, deprimidos, tristes etc., ou podem ter ido a uma festa no fim de semana e terem se sentido animados, alegres ou incluídos em um grupo.

Dê tempo para os alunos lembrarem os momentos e anotarem suas emoções. Fique disponível para tirar dúvidas individuais e até mesmo ajudar o aluno a identificar possíveis emoções que sentiu. Após esse momento, você pode propor que os alunos escolham um entre dois tipos de atividades diferentes.

Na primeira, eles podem fazer desenhos que expressem as emoções sentidas naquela semana. Eles podem utilizar seus cadernos, pequenos cartazes em A4 ou até mesmo o quadro. A turma é quem vai ver os desenhos e tentar adivinhar quais emoções estão sendo representadas.

A segunda opção é que eles criem dramatizações em que essas emoções sejam encenadas por meio da linguagem corporal, sem palavras. Nesse caso, eles podem escrever roteiros para si mesmos e fazer a encenação para a turma. Por exemplo, podem pedir para um colega entregar uma folha simulando que ela seja a prova de História, enquanto outro estudante olha surpreso para a suposta nota e aí expressa que emoção ou emoções estaria sentindo naquele momento. Novamente, serão os demais alunos que buscarão reconhecer quais emoções estão sendo compartilhadas.

Além disso

Uma atividade posterior às apresentações pode ser orientar os alunos a identificar que emoções estavam mais presentes ao longo da semana, quais têm sido mais recorrentes e o motivo delas.

Dessa maneira, os alunos vão fazer uma jornada individual para analisar que emoções estão mais predominantes no seu cotidiano e por qual motivo, e avaliarem se essas emoções estão condizentes com o que estão buscando alcançar em suas vidas.

Roda da vida

Material: uma folha impressa com o desenho da roda da vida, lápis, caneta ou lápis de cor.

Tempo: 30 minutos.

Passo a passo

A roda da vida é uma ferramenta de autoconhecimento e autoavaliação que mede o nível de satisfação atual da pessoa em várias áreas importantes da vida, incluindo saúde, carreira, dinheiro, família, amizades, espiritualidade, relacionamento amoroso e *hobbies*.

É importante ressaltar que é o nível de satisfação atual, pois os alunos vão dar uma nota e pintar a parte do gráfico conforme o que sentem sobre si mesmos nessas áreas no momento em que participam da dinâmica.

Para cada área, faça perguntas que os ajudem a entender o que aquela área representa. Por exemplo, em desenvolvimento intelectual, você pode perguntar como está o nível de satisfação com o rendimento ou aprendizagem ou se os alunos sentem que estão progredindo – pode ser na escola, por meio de leitura de livros, cursos que estejam fazendo etc.

Após dar exemplos ou fazer perguntas específicas sobre cada área e os alunos tiverem dado sua nota e/ou colorido cada uma das áreas, o resultado será parecido com um radar, visto que haverá áreas em que as pontuações estarão mais altas e, em outras, estarão mais baixas, sendo raro que todas as áreas recebam a mesma pontuação e, portanto, estejam no mesmo nível.

Peça aos alunos para refletirem e, individualmente, anotarem em suas folhas o que a roda da vida revela sobre o momento de vida atual deles. Pode ser que um aluno perceba que não está dando atenção aos cuidados com a saúde ou que tem dedicado pouco tempo a seus *hobbies*. Ou pode ser que ele perceba que a vida social foi bastante desenvolvida, mas a espiritualidade não está sendo trabalhada.

Além disso

O modelo da Figura 4 pode ser adaptado a seu contexto de ensino, de acordo com a faixa etária dos seus alunos. Pode ser que você prefira separar família e amizade, por exemplo, para que eles avaliem as duas áreas distintamente. Ou pode ser que seja melhor retirar a área de carreira e trabalho, que não tem nada a ver com alunos muito mais novos.

Uma outra opção ao fim da atividade é pedir que os alunos escolham uma área da vida para a qual vão dedicar maior atenção dali em diante e o que vão fazer em relação a ela, seja para melhorar, seja para manter o nível de satisfação. Seria como uma espécie de alavanca, na qual, ao melhorar um aspecto de sua roda da vida, outras áreas também seriam afetadas. Por exemplo, um aluno pode decidir dar mais atenção à saúde, comendo de forma mais saudável e fazendo exercícios físicos. Essa decisão melhora a disposição para estudar e praticar um *hobby* e ainda contribui com o sentimento de realização e felicidade.

Figura 4 – Roda da vida

Eu sou... porque...

Material: folha de caderno, lápis ou caneta.
Tempo: 10 minutos.

Passo a passo

Você pode mostrar aos alunos a lista de adjetivos disponível no fim desta seção ou outra que você preparar previamente de acordo com o nível de conhecimento de vocabulário da sua turma.

Os alunos precisam escolher apenas um adjetivo entre tantos que certamente devem descrevê-los. Então, deverão escrever frases usando esse adjetivo e dando uma explicação breve sobre por que esse adjetivo os descreve.

Eles podem escrever frases como "Eu sou paciente porque sempre espero as pessoas terminarem de falar antes de eu responder" ou "Eu sou paciente porque costumo pensar que há tempo para todas as coisas acontecerem, e, se eu ainda não alcancei o que quero apesar de estar me esforçando, é porque ainda não está no tempo certo".

Quando eles escolherem o adjetivo e escreverem suas frases, peça-lhes que as compartilhem em pequenos grupos e vejam o que há de semelhança e diferença com os demais colegas. Eles também devem estar preparados para responderem perguntas extras que os colegas fizerem.

Além disso

Use a lista a seguir ou crie sua própria lista de traços positivos para os alunos escolherem ao se descreverem.

inteligente	habilidoso	corajoso
trabalhador	útil	decidido
leal	motivado	entusiástico
atraente	perspicaz	indulgente
prático	engraçado	humilde
pateta	paciente	sensível
criativo	realista	organizado
aceitante	honesto	altruísta
forte	generoso	prático
amigável	modesto	maduro
flexível	independente	concentrado
provedor	confiante	cortês
atencioso	resiliente	agradecido
sério	alegre	mente aberta
confiante	autodirigido	positivo
otimista	confiável	responsável
respeitoso	relaxado	cooperativo
determinado	ouvinte	frugal

Meu escudo pessoal

Material: folha de caderno ou A4, lápis ou caneta; opcionalmente, folha impressa com a imagem de um escudo.
Tempo: 60 minutos.

Passo a passo

Explique aos alunos que eles irão criar um "escudo pessoal" para se conhecerem melhor. Peça que eles façam no caderno ou folha A4 o desenho de um escudo, como mostrado abaixo. Eles não precisam copiar as perguntas. Nos quadrantes, eles devem preencher:

a) Meus valores
Quais são os valores e princípios mais importantes para você?

b) Minhas habilidades
Quais são suas principais habilidades, talentos e forças?

c) Minha personalidade
Como você se descreveria em termos de personalidade, traços, interesses etc.?

d) Meus objetivos
Quais são seus sonhos, metas e aspirações para o futuro?

Encoraje-os a usar desenhos, símbolos e palavras-chave para representar cada quadrante.

Quando todos tiverem terminado seus escudos, peça a alguns voluntários que compartilhem seus escudos com a turma. Promova uma discussão sobre as semelhanças e diferenças entre os escudos. Incentive os alunos a refletirem sobre o que aprenderam sobre si mesmos e sobre os colegas.

Para concluir a dinâmica, ressalte a importância do autoconhecimento e mostre como essa atividade pode ajudá-los em seu desenvolvimento pessoal. Incentive-os a manterem seus escudos em um local acessível e visível.

Além disso

Esteja atento a eventuais resistências ou dificuldades que os alunos possam ter e ofereça apoio nesses casos. Além disso, adapte a atividade conforme a necessidade e o nível de maturidade da sua turma de adolescentes.

Veja a seguir um modelo de escudo que você pode imprimir e distribuir para os alunos.

Se preferir baixar o arquivo para impressão em papel A4, utilize o Qr Code abaixo ou acesse o link:

vozes.com.br/aprendizagem-socioemocional

Figura 5 – Escudo

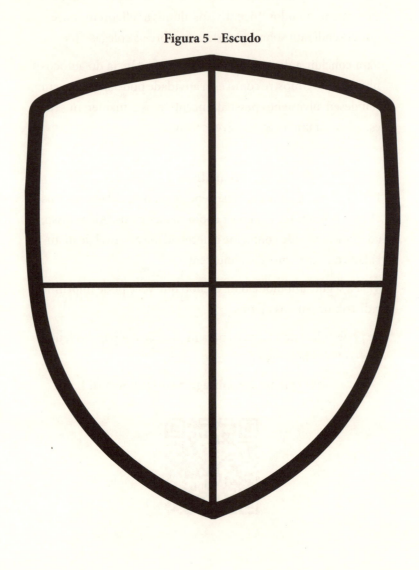

2
Autorregulação

Estátua

Material: sala de aula (com bastante espaço no meio), celular ou outro aparelho para tocar música.
Tempo: 20 minutos.

Passo a passo
Peça aos participantes para se espalharem pela sala. Explique que irá tocar uma música e que, quando ela parar, todos devem ficar imóveis na posição em que estavam, como estátuas. Enquanto a música estiver tocando, os participantes podem se mover livremente. Após cada rodada ou ao fim da dinâmica, discuta como foi o processo de se autorregular, controlar o movimento e ficar imóvel, inclusive sem rir.

Além disso
Pode ser que os alunos se mexam ou comecem a rir e culpem o outro colega de tê-los feito se desconcentrar. Essa é uma excelente oportunidade de discutir sobre o nosso papel na regulação das nossas emoções – e ações. Discuta com a turma a autorresponsabilidade pela forma como lidamos com eventos cotidianos, para que eles possam ter clareza de que se autorre-

gular é habilidade pessoal. Não depende dos eventos externos; é uma habilidade que podemos desenvolver. Trata-se da habilidade de regular como vamos responder aos mais variados estímulos externos, sendo positivos ou negativos.

Uma variação dessa brincadeira é retirar os alunos que se mexerem em cada rodada, até restar apenas um. Depois, pode-se abrir uma discussão sobre como os que saíram se sentiram e como lidaram ou poderiam lidar com suas emoções negativas, se for o caso.

Você pode pedir para os últimos três alunos compartilharem quais estratégias utilizaram para conseguir se manter imóveis apesar das risadas ou pequenas provocações dos outros colegas.

Respiração tranquila

Material: uma sala com cadeiras ou carteiras dispostas em círculo, se possível.
Tempo: 3-5 minutos.

Passo a passo

Peça aos participantes para se sentarem confortavelmente em um círculo. Se não for possível (e eu sei que minhas turmas com 37 alunos não permitem muita movimentação), deixe as cadeiras enfileiradas mesmo.

Instrua-os a fecharem os olhos e fazerem respirações lentas e profundas. Peça-lhes para imaginar, enquanto respiram, que estão inspirando calma e expirando qualquer tensão ou preocupação.

Realize essa atividade por alguns minutos, promovendo a consciência do corpo e o foco na respiração para alcançar a autorregulação emocional.

Além disso

Essa técnica pode parecer tão simples e fácil, que é até surpreendente que a gente não respire dessa maneira com maior frequência. Muitas vezes nossa respiração está superficial e rápida, trazendo ainda mais estresse. Aprender a respirar com tranquilidade proporciona maior foco, concentração e serenidade.

Uma outra técnica para ajudar os alunos a se concentrarem na respiração profunda é orientar que eles inspirem contando mentalmente de um a quatro. Prendam a respiração contando mentalmente de um a quatro. Por fim, expirem vagarosamente, contando de um a quatro outra vez.

Você pode encontrar na internet vários vídeos ensinando maneiras bastante eficazes de fazer a respiração tranquila. Assista a vídeos de yoga que ensinem as técnicas pranaiamas.

E aproveita para me contar lá no Instagram @professorasolimarsilva se você fizer essa atividade rápida e eficaz com seus alunos.

POC — Pare, Observe, Compartilhe

Material: nenhum.
Tempo: 10 minutos.

Passo a passo

Essa atividade pode ser feita na sala de aula, no pátio ou na quadra da escola. Se for um ambiente externo fora da sala, ela fica ainda melhor.

Explique aos participantes que, quando você disser "Pare", eles devem parar imediatamente o que estiverem fazendo e observar o que está acontecendo ao seu redor. Então, se, por exemplo, vocês estiverem na sala de aula fazendo exercícios de revisão, eles devem parar imediatamente quando você disser e só observar o que está acontecendo, o que eles podem ouvir, ver etc.

Após um breve momento de observação, peça a cada participante que compartilhe algo que notou ou algo que o surpreendeu. Se a turma for muito grande, peça cinco voluntários em cada rodada, para que você tenha tempo de fazer a atividade mais vezes.

Repita esse processo várias vezes, estimulando os participantes a estarem presentes no momento e a praticarem a autorregulação da ação impulsiva.

Além disso

Você pode variar algumas rodadas e guiar os alunos a prestarem atenção em seus sentimentos, emoções ou pensamentos naquele instante. Pode ainda direcionar em alguns momentos para algum sentido específico. Por exemplo, ao dizer "Pare", pode guiar os alunos a prestarem atenção apenas ao que conseguem ouvir ou às coisas diferentes que conseguem ver.

Outra variação, se estiver fazendo a atividade ao ar livre, é pedir que os alunos circulem em silêncio por um minuto, sozinhos, e depois retornem ao ponto onde vocês estiverem, para relatar o que lhes chamou a atenção durante o período de observação nesses 60 segundos.

Controle de impulsos

Material: folha A4 impressa ou pequenos cartões com as atitudes provocadoras já escritas. Se não os tiver, pode usar o quadro ou apenas ler as situações para a turma.
Tempo: 10 minutos.

Passo a passo

Divida os participantes em pares. Cada par receberá uma lista de situações desafiadoras ou provocativas.

Então, um dos participantes assume o papel de "desafiante" e tenta provocar uma reação impulsiva no outro participante. O desafiante deve usar palavras ou ações para tentar provocar uma resposta emocional ou impulsiva, enquanto o outro participante pratica a autorregulação e tenta se manter calmo e controlado.

Após cada rodada, os pares podem trocar de papéis, para que todos tenham a oportunidade de praticar a autorregulação.

Além disso

Você pode utilizar o ChatGPT para criar as situações que tenham mais a ver com o seu contexto de sala de aula. As situações a seguir foram geradas por inteligência artificial e estão aqui como sugestão de uso ou apenas modelo para você criar as suas próprias.

Uma variação da atividade é você realizar uma outra dinâmica, durante a qual os alunos devem expressar suas opiniões e selecionar precisamente um a dois alunos que terão atitudes desafiantes, farão críticas às opiniões apresentadas etc. Assim, cada aluno, sem saber que essas ações foram combinadas, vão ter reações autênticas. Ao fim, pode-se revelar o que havia sido combinado e iniciar uma discussão sobre a necessidade de nos autorregularmos e controlarmos nosso impulso de dar respostas "à altura" da provocação recebida.

Essa variação funciona melhor com alunos mais velhos e mais maduros.

A seguir estão 8 sugestões, geradas por inteligência artificial, de situações desafiantes:

1 Provocação na frente dos amigos

Durante um jogo de futebol no intervalo da escola, um colega se dirige ao aluno e diz de forma sarcástica: "Nossa, você joga tão bem, que parece que está dançando balé em vez de jogando futebol!" Os amigos riem da provocação.

2 Exclusão de grupo

Durante uma atividade em grupo na aula de Ciências, o aluno percebe que seus colegas estão se reunindo em uma roda para discutir o projeto sem incluí-lo. Ele se sente excluído e sem saber como agir.

3 Desacordo com um professor

Depois de receber uma nota baixa em um trabalho que se esforçou muito para fazer, o aluno vai até o professor para questionar a avaliação. O professor responde de forma ríspida, dizendo que a qualidade do trabalho não foi satisfatória.

4 Crítica nas redes sociais

Após postar uma foto de uma viagem em suas redes sociais, o aluno recebe um comentário anônimo dizendo: "Que foto ridícula! Você não tem nada de interessante para compartilhar, né?"

5 Competição acirrada

Durante uma competição de Matemática na escola, um colega de outra turma provoca o aluno, dizendo: "Você não tem a menor chance contra mim. Vou ganhar facilmente e provar que sou o melhor!"

6 Briga com um amigo

Durante o intervalo, o aluno tem uma discussão acalorada com seu melhor amigo por conta de um mal-entendido sobre um convite para uma festa. As palavras trocadas são duras e magoam ambos os lados.

7 Pressão dos pais

Os pais do aluno exigem que ele tire notas altas em todas as matérias, dizendo que o futuro dele depende disso. Eles repreendem o aluno sempre que ele não atinge as expectativas, criando um ambiente de pressão constante em casa.

8 Comentário preconceituoso

Durante uma aula de História, um colega de classe faz um comentário preconceituoso em relação à origem étnica do aluno, causando constrangimento a ele e provocando risadas de alguns colegas.

THINK

Material: quadro branco, caneta para quadro branco, papéis com as situações impressas.

Tempo: 20 minutos.

Passo a passo

Esta técnica é um guia para ajudar os alunos a pensar antes de se expressarem ou, principalmente, tecerem comentários a respeito de outras pessoas.

O acrônimo THINK, do inglês, que significa "pensar", refere-se a cinco critérios que funcionam como uma "peneira" antes de se falar qualquer coisa:

T = *true* (verdadeiro)
H = *helpful* (útil)
I = *inspiring* (inspirador ou edificante)
N = *necessary* (necessário)
K = *kind* (gentil)

Antes de ensinar o acrônimo a eles, talvez você possa mencionar em sala algumas situações e pedir que eles reflitam sobre como fariam a interação com a pessoa ou as pessoas descritas nas situações.

Daí, apresenta-se o acrônimo, trabalhando o significado de cada letra e dando exemplos. Por fim, outra possibilidade é considerar alguma situação previamente apresentada à turma no início da aula e usar os cinco critérios para avaliar se o que cada aluno havia pensado em dizer vale a pena ser dito, se precisa ser reformulado ou se pode simplesmente ser deixado de lado.

Além disso

Para facilitar, vejamos algumas sugestões geradas pelo ChatGPT para auxiliar os alunos na compreensão de cada um dos cinco critérios, em situações e contextos variados.

1

Um colega de classe está tendo dificuldades com uma matéria e você decide oferecer ajuda a ele. Antes de se oferecer, você se pergunta:

- Minha oferta de ajuda é verdadeira (*true*)? Realmente tenho condições de ajudar meu colega?
- Essa ajuda será útil (*helpful*) para meu colega neste momento?
- Minha oferta de ajuda será inspiradora (*inspiring*) para o colega, motivando-o a continuar seus estudos?
- É necessária (*necessary*) essa ajuda neste momento ou o colega já está recebendo apoio de outras fontes?
- Minha oferta de ajuda será gentil (*kind*) e demonstrará empatia pela situação do colega?

2

Um professor pede para a turma dar sua opinião sobre um assunto polêmico em sala de aula. Antes de compartilhar sua opinião, você se pergunta:

- Minha opinião é verdadeira (*true*) e baseada em informações confiáveis?
- Minha opinião será útil (*helpful*) para a discussão e para a turma entender melhor o assunto?
- Minha opinião será inspiradora (*inspiring*) e construtiva para o debate?
- É necessário (*necessary*) que eu compartilhe essa opinião neste momento ou outros já abordaram esse ponto de vista?
- Minha opinião será expressa de forma gentil (*kind*) e respeitosa com os colegas?

> ## 3
>
> Você vê um colega sendo alvo de *bullying* ou comentários negativos de outros colegas. Antes de agir, você se pergunta:
> - A minha intervenção é verdadeira (*true*) e justificada pela situação?
> - Minha ação será útil (*helpful*) para defender o colega e acabar com o *bullying*?
> - Minha atitude será inspiradora (*inspiring*) para outros colegas e mostrará que não se deve tolerar esse tipo de comportamento?
> - É necessário (*necessary*) que eu intervenha neste momento ou outras pessoas já estão cuidando da situação?
> - Minha abordagem será gentil (*kind*) com o colega alvo do *bullying* e firme com os agressores?

Essas são algumas situações em que os alunos podem avaliar se suas respostas ou ações atendem aos critérios do acrônimo THINK. O importante é ajudar os estudantes a lembrarem das cinco perguntas que eles podem fazer antes de agir, a fim de garantir que suas atitudes sejam verdadeiras, úteis, inspiradoras, necessárias e gentis.

Veja alguns exemplos em que a resposta ou ação de uma pessoa não atende a um dos critérios do THINK:

1. **Falta de verdade (*true*):** Um colega comenta que viu uma notícia falsa sobre um evento importante. Você decide compartilhar essa informação, mesmo sabendo que é mentira, porque a acha engraçada. Neste caso, sua atitude não está alinhada com a verdade (*true*) e pode espalhar informações falsas.

2. **Falta de utilidade (*helpful*):** Um colega está com dificuldades em uma matéria e você decide zombar dele e criticar suas habilidades, ao invés de oferecer ajuda. Neste caso, sua atitude não é útil (*helpful*) para o colega e, ao contrário, prejudica o aprendizado dele.

3. **Falta de inspiração (*inspiring*):** Durante uma discussão sobre um tema polêmico você decide humilhar um colega que tem uma opinião diferente da sua. Neste caso, sua

atitude não é inspiradora (*inspiring*), pois desencoraja a participação e o debate construtivo.

4. **Falta de necessidade (*necessary*):** Você vê um colega sendo alvo de *bullying*, mas decide não intervir porque não quer se envolver. Neste caso, sua inação não é necessária (*necessary*) naquele momento, pois sua intervenção poderia ajudar a acabar com o *bullying*.

5. **Falta de gentileza (*kind*):** Um colega pede sua ajuda e você responde de forma ríspida e impaciente. Neste caso, sua resposta não é gentil (*kind*) e pode prejudicar a relação com o colega que precisava de ajuda.

Apresento a seguir uma última situação, só para fixar como usar a técnica THINK como princípio norteador da autorregulagem nas interações com outras pessoas:

Situação

Uma colega de turma está visivelmente estressada e triste. Você percebe que ela está tendo dificuldades em uma matéria importante e parece estar passando por algum problema pessoal.

Resposta atendendo aos critérios do THINK: Antes de agir, você se faz as seguintes perguntas:

- Verdade (*true*): Minha percepção da situação da minha colega está correta? Tenho informações confiáveis sobre o que ela está passando?
- Utilidade (*helpful*): Minha intervenção será útil para ela neste momento? Posso oferecer algum tipo de apoio ou ajuda?
- Inspiração (*inspiring*): Minha atitude e abordagem irão inspirá-la a enfrentar suas dificuldades de forma positiva?
- Necessidade (*necessary*): Minha intervenção é realmente necessária agora ou ela já está recebendo o suporte de que precisa?
- Gentileza (*kind*): Minha oferta de ajuda será gentil (kind) e demonstrará empatia pela situação do colega?

Não seria bom se todas as pessoas utilizassem essa técnica antes de responder, seja em voz alta, seja até mesmo nas redes sociais?

Caixa de ferramentas

Material: caixas de papelão ou pastas no celular ou computador para guardar as ferramentas; se possível, levar as ferramentas mencionadas para que os alunos se familiarizem com elas e possam escolher melhor.

Tempo: duas aulas de 50 minutos.

Passo a passo

A proposta desta atividade é que os alunos criem uma caixa com recursos e estratégias para lidar com emoções difíceis. Essa caixa pode ser física ou digital.

O ideal é primeiro organizar a sala de modo que você consiga fazer rotação por estações, deixando que pequenos grupos fiquem em cada estação lendo, manuseando e conhecendo as diferentes ferramentas e técnicas para lidar com emoções difíceis.

Comece explicando que todas as emoções são válidas e normais, mesmo as mais difíceis, como tristeza, raiva, ansiedade etc. Ensine-os a identificar e nomear suas emoções. Isso os ajuda a entendê-las melhor.

Em seguida, divida a classe pelo número de estações disponíveis. Sugiro pelo menos quatro estações. Dê aos alunos um tempo de 15 minutos para ficar em cada estação. Nesse período, eles vão ter acesso a ferramentas emocionais diversas e podem anotar em seus cadernos quais ferramentas eles gostariam de incluir em sua caixa de ferramentas.

Depois, quando todos tiverem passado por todas as estações disponíveis, você pode pedir que eles compartilhem em grupos ou com toda a turma as ferramentas que vão colocar em suas caixas e o porquê de suas escolhas.

Por fim, chega o momento em que eles organizam as ferramentas em suas caixas. Isso pode ser fisicamente, ao adicionarem folhas com as técnicas, pedaços de papel com a explicação de uso de uma ferramenta ou objetos físicos; ou virtualmente, abrindo uma pasta no computador, no Drive virtual ou em ferramentas como Padlet ou Canva, previamente organizados para que os alunos possam ter um espaço para armazenarem suas ferramentas emocionais.

Durante todo o processo, oriente-os a escolher as ferramentas que funcionam melhor para eles, com base em suas próprias necessidades e preferências. Também os estimule a decorar ou personalizar suas caixas de ferramentas de uma forma que os inspire e os ajude a se conectar com as emoções. Reserve momentos em sala de aula para que os alunos pratiquem o uso das ferramentas da caixa. Crie oportunidades para que eles compartilhem suas experiências e aprendizados com o grupo. Ainda, valorize e elogie os esforços dos alunos em lidar com suas emoções de forma saudável. Por fim, incentive-os a adicionar novas ferramentas à medida que descobrem mais estratégias eficazes.

Além disso

Trabalhar emoções em sala de aula pode ser delicado e desafiador, principalmente quando nos referimos à habilidade de autorregulação. Então, eis algumas sugestões para você antes de promover esta atividade:

1. Ensine os alunos a identificar sinais precoces de emoções difíceis, como mudanças fisiológicas, pensamentos ou comportamentos. Isso permite agir antes que a emoção se intensifique.

2. Incentive a prática regular das ferramentas, mesmo quando eles não estão em crise. Isso ajuda a desenvolver habilidades de autorregulação. Oriente os alunos a experimentar diferentes ferramentas e observar quais funcionam melhor para eles em cada situação. Cada pessoa responde de maneira única.

3. Estimule a conscientização e a aceitação das emoções, em vez da tentativa de suprimi-las. Isso ajuda a lidar com elas de forma mais saudável.

4. Crie oportunidades para que os alunos compartilhem suas experiências com o grupo e recebam *feedback* e apoio dos colegas.

5. Elogie e reforce positivamente quando os alunos demonstrarem progresso no uso das ferramentas de autorregulação.

Agora, veja algumas ferramentas, técnicas ou estratégias para lidar com emoções difíceis. Encontre um jeito criativo de compartilhar essas sugestões nas suas estações de rotação. Pode ser por meio de cartazes, papéis coloridos impressos, caixinhas, vídeos, músicas, objetos etc.

1. Respiração profunda: Trata-se de técnicas simples de respiração lenta e consciente para acalmar o corpo e a mente.

2. Meditação/*mindfulness*: Práticas de meditação e atenção plena ajudam a ficar presente e lidar com emoções.

3. Expressão artística: Desenhar, escrever, pintar ou criar música para expressar seus sentimentos ajuda no processamento das emoções.

4. Exercícios físicos: Atividades físicas como caminhadas, dança ou esportes ajudam a liberar tensões emocionais.

5. Apoio social: É importante conversar com amigos, familiares ou professores de confiança sobre suas emoções.

6. Diário de emoções: Você pode incentivar os alunos a escreverem um diário para registrar e explorar seus sentimentos. Isso os ajuda a compreendê-los melhor.

7. Visualização guiada: Oriente-os a imaginar um lugar tranquilo e reconfortante quando estiverem tensos ou ansiosos. Isso pode acalmar a mente e o corpo.

8. Lista de afirmações positivas: Uma boa estratégia é criar uma lista de frases motivadoras e reconfortantes que podem ser lidas em momentos de dificuldade.

9. Atividades sensoriais: Outra opção são atividades que envolvam os cinco sentidos, como segurar um objeto macio, cheirar um óleo essencial ou ouvir música relaxante.

10. Caixa de *coping*: Trata-se de montar uma caixa com objetos, imagens ou lembranças que evoquem sensações positivas e aconchegantes.

11. Bloqueio de pensamentos: Existem técnicas para interromper pensamentos negativos, como contar até 10 ou repetir uma palavra de maneira consciente.

12. Técnica STOP: A técnica consiste em parar, respirar fundo, observar o que está acontecendo e prosseguir de forma intencional.

13. Jornada da jangada: Esta estratégia envolve imaginar-se navegando em uma jangada tranquila em um lago enquanto visualiza os detalhes da paisagem, para acalmar a mente.

14. Música terapêutica: Podem ser criadas *playlists* com músicas calmantes ou motivadoras para ouvir em momentos difíceis.

15. Mantra de autocompaixão: É a repetição de frases como "Eu mereço carinho" ou "Eu posso superar isso" para cultivar autocompaixão.

16. Árvore da resiliência: Esta ferramenta consiste em desenhar ou criar de outra forma uma árvore com raízes representando os recursos internos e galhos simbolizando apoios externos.

17. Bola de estresse: Segurar ou manipular uma bola ou objeto macio ajuda a liberar tensões físicas e emocionais.

18. Caixa de inspiração: Pode-se guardar citações, imagens ou lembranças que os inspirem e os ajudem a manter a esperança.

19. Técnica do adiamento: É a escolha de, quando sentir vontade de agir impulsivamente, adiar a ação por alguns minutos, respirar fundo e reavaliar.

20. Registro de gratidão: Escrever diariamente sobre coisas pelas quais se é grato, para cultivar uma perspectiva positiva, é um bom recurso.

Lembre-se de enfatizar que não existe uma solução única para todas as situações. Diga que os alunos podem e devem experimentar diferentes ferramentas e encontrar as que melhor se adaptam às suas necessidades individuais.

E você? Qual ferramenta já usa em sua caixa para ajudar a lidar com emoções difíceis? Pode me contar no Instagram: @professorasolimarsilva.

Semáforo emocional

Material: desenhos de semáforos para pintar ou semáforos feitos em papel-cartão ou similar, ou folha de caderno mesmo.
Tempo: 10 minutos.

Passo a passo

Você pode conduzir uma discussão com os alunos sobre como nossas emoções podem variar ao longo do dia e, às vezes, ao longo de um mesmo turno, de acordo com os eventos que vão acontecendo.

Ajude-os a identificar as variações usando as cores do semáforo. Por exemplo, o verde pode significar "Estou calmo" ou "Estou contente". O amarelo é sinal de alerta, de transição, de mudança de humor. O vermelho pode indicar que se está estressado ou triste.

Em seguida, quando todos os alunos tiverem identificado como estão se sentindo naquele momento, pintando em seus semáforos a cor em que eles estão, vocês podem discutir estratégias para voltar ao verde.

Mesmo os alunos que pintaram o verde em seus semáforos podem ajudar com sugestões sobre como se manter por mais tempo no verde ou como voltar ao verde se em um momento passaram para amarelo ou vermelho.

Além disso

A Figura 6 pode ser utilizada para imprimir e entregar aos alunos. Não é necessário fazer em tamanho grande, apenas o suficiente para que o aluno possa pintar e colar em seus cadernos.

Figura 6 – Semáforo

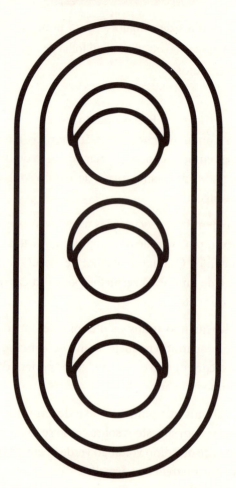

Autor: Vincent Le Moign: Trabalho derivado (original emoji image was converted into outline by supercoloring.com). Origem: Streamline Emoji project Licença: Free for personal, educational, editorial, and commercial use. This work is licensed under a Creative Commons Attribution 4.0 International (CC BY 4.0) License. Attribution is required in case of distribution.

Autoavaliação

Material: caderno e caneta ou lápis.
Tempo: 5 minutos.

Passo a passo

Os alunos refletem sobre suas ações e seus comportamentos e identificam áreas em que podem melhorar. É importante que eles pensem em áreas específicas, como controle da raiva, domínio da preguiça e superação da procrastinação, entre outros. Eles podem usar notas de 1 a 5 para avaliar como estão nesses quesitos e refletir sobre estratégias para melhorar, com ações práticas que vão evidenciar esse progresso.

Além disso

Para facilitar a realização dessa atividade, seguem sugestões de exercícios de autoavaliação que você pode implementar com os participantes:

1 Diário de autoconhecimento

Peça aos alunos que escrevam regularmente em um diário, refletindo sobre seus pensamentos, emoções e comportamentos durante o dia. Incentive-os a identificar padrões, gatilhos e áreas que precisam de melhoria. Eles podem definir metas específicas para desenvolver habilidades de autorregulação.

2 Escala de autoavaliação

Crie uma escala de 1 a 5, em que 1 significa "Preciso melhorar muito" e 5 significa "Eu me saio muito bem". Peça aos alunos que se avaliem em diferentes áreas, como controle emocional, tomada de decisão, resolução de problemas etc. Eles podem comparar suas avaliações ao longo do tempo e identificar progressos.

3 Roda da autorregulação

Solicite que os alunos desenhem uma roda dividida em seções, como "Pensamentos", "Emoções", "Comportamentos" e "Estratégias". Eles devem avaliar cada área e preencher a roda, destacando os pontos fortes e áreas de melhoria. Este exercício ajuda a visualizar o equilíbrio entre as diferentes dimensões da autorregulação.

4 *Checklist* de habilidades

Crie uma lista de habilidades-chave de autorregulação, como gerenciamento do tempo, autocontrole, resolução de conflitos etc. Peça aos alunos que avaliem seu nível de domínio em cada habilidade, usando uma escala de 1 a 5. Com base nos resultados, eles podem definir metas de desenvolvimento para cada habilidade.

5 *Feedback* de colegas

Organize sessões em que os alunos possam dar e receber *feedback* construtivo uns dos outros. Eles podem compartilhar percepções sobre como se sentem quando interagem com seus colegas e sugerir maneiras de melhorar. Esse exercício promove a autoconsciência e a empatia, habilidades essenciais para a autorregulação.

Dança das emoções

Material: uma sala onde haja espaço para os alunos se movimentarem; alguns objetos como lenços, bolas, bastões, entre outros; caixa de som e celular ou *laptop* com acesso a músicas variadas.

Tempo: 15 minutos.

Passo a passo

Os alunos expressam diferentes emoções através da dança (foco desta dinâmica), que ajuda a liberar a energia e promover a autorregulação. Você pode fazer essa atividade em conjunto com o professor de Educação Física ou conduzir a atividade por conta própria na aula.

Antes de iniciar, convém ressaltar que é necessário estabelecer um ambiente propício, seguro e acolhedor, no qual os adolescentes se sintam confortáveis para se expressar. Permita que a participação seja voluntária e que não haja julgamentos sobre a habilidade de dança. Sempre incentive a turma a respeitar e apoiar as iniciativas uns dos outros.

Também é importante envolver os alunos no planejamento, conversando com eles e entendendo seus interesses, preferências musicais e estilos de dança. Aproveite para pedir sugestões e ideias sobre como eles gostariam de participar das atividades.

Forneça instruções claras e objetivas para as atividades, mas também equilibre com momentos de improvisação e exploração livre. Isso ajudará os adolescentes a se sentirem seguros e lhes dará a oportunidade de se expressarem de forma autêntica.

Após as atividades, reserve um momento para os alunos refletirem a respeito de suas experiências emocionais e físicas. Aproveite para pedir *feedback* sobre o que eles gostaram, o que aprenderam e como a dança os afetou.

Além disso

Seguem algumas sugestões de atividades com dança que você pode experimentar:

Dança expressiva

- Comece com uma música calma e peça aos alunos que se movimentem livremente, deixando que suas emoções guiem seus movimentos.

- Depois, toque músicas com diferentes estilos e tempos, pedindo que eles dancem refletindo alegria, tristeza, raiva, medo etc.

- Encoraje-os a usar todo o espaço e a exagerar os movimentos para realmente liberar a energia.

Pantomima emocional

- Divida a turma em pequenos grupos e atribua uma emoção a cada grupo (p. ex.: felicidade, frustração, surpresa).

- Peça que eles criem uma coreografia curta que transmita a emoção designada, sem utilizar palavras.

- Oriente que os demais grupos devem tentar adivinhar a emoção representada.

- Discuta como as escolhas de movimentos, expressões faciais e energia corporal comunicam diferentes emoções.

Dança em espelho

- Forme pares e peça que um dos alunos da dupla inicie uma dança, movimentando-se livremente, enquanto o outro o "espelha", imitando os movimentos.

- Depois, inverta os papéis.

- Incentive-os a se concentrar na conexão e na sincronia com o parceiro, promovendo a atenção e a empatia.

Dança com objetos

- Forneça aos alunos lenços, bolas, bastões ou outros objetos simples.

- Peça que eles criem sequências de movimentos usando esses objetos para expressar emoções específicas.

- Explique que eles podem também improvisar livremente, explorando como os objetos conseguem amplificar a comunicação emocional.

Jogo de ritmos emocionais

- Divida a turma em pequenos grupos e dê a cada grupo um instrumento de percussão simples (tambor, chocalho etc.).

- Solicite que eles criem ritmos que representem diferentes emoções (p. ex.: ritmo rápido e intenso para raiva, ritmo lento e suave para tristeza).

- Sugira que cada grupo apresente seus ritmos emocionais, e os demais tentam adivinhar as emoções representadas.

Grounding Technique

Material: nenhum.

Tempo: 5 minutos.

Passo a passo

Tem momentos em que nossas turmas estão especialmente agitadas – principalmente após as aulas de Educação Física ou o recreio, não é verdade? E não adianta tentarmos "jogar" matéria se o foco e a atenção estão abaixo de zero.

Essa técnica é muito fácil de ser aplicada, além de rápida, e ajuda os alunos a se conectarem com o momento presente e estarem mais predispostos a aprenderem.

Quando todos se sentarem, você pode começar a fazer as perguntas indicadas a seguir, na ordem em que elas aparecem:

> **Quais são cinco coisas que você pode ver?**
> –•–
> **Quais são quatro coisas que você pode tocar?**
> –•–
> **Quais são três coisas que você pode ouvir?**
> –•–
> **Quais são duas coisas das quais você pode sentir o cheiro?**
> –•–
> **Qual é uma coisa de que você pode sentir o gosto?**

Os alunos vão respondendo em voz alta. Quando falarem o número de itens que cada pergunta pede, passe para a pergunta seguinte.

Parece mágica, mas não é. Com esta atividade bastante simples você consegue trazer os alunos para o momento presente com mais calma e serenidade.

Além disso

Uma variação da atividade é, em vez de pedir que os alunos falem em voz alta – o que talvez pode acabar tumultuando a sala devido à disputa para participarem com suas observações –, é pedir que eles escrevam no caderno, individualmente, em silêncio.

Dessa forma, você pode conseguir maior concentração individual. Contudo, a atividade demandará mais tempo.

Quadro dos sonhos e meta SMART

Material: folhas de papel A4, cola, canetinha, caderno, caneta, lápis e imagens, que podem ser de jornais, revistas, impressas ou desenhadas à mão.

Tempo: duas ou três aulas de 50 minutos, aproximadamente.

Passo a passo

Muitas vezes podemos estar tão imediatistas, que até esquecemos de sonhar e planejar. Estabelecer metas é uma habilidade importante de autorregulação, especialmente definindo passos realistas para alcançar objetivos. Por isso, nesta dinâmica proponho duas atividades distintas mas complementares, para ajudar nossos alunos a estabelecerem objetivos e metas com maior possibilidade de realização.

Primeiro, você pode pedir a eles que escrevam tudo o que eles querem ser, fazer e ter. Eles podem listar tudo no caderno. Para haver um caráter mais lúdico e incentivá-los a não reprimirem ou julgarem seus sonhos, eu costumo começar dizendo que o gênio da lâmpada resolveu visitar a sala e conceder a todos nós não apenas três desejos, mas tudo o que pudermos escrever durante o período de alguns minutos. Geralmente estabeleço 5 a 10 minutos.

Alguns alunos rapidamente fazem uma lista com 50 itens, enquanto outros não passam de dois – aliás, muitos dos meus alunos dizem que não têm sonhos. Mas, para ajudá-los, dou exemplos de tudo o que pode estar contido dentro destes três verbos – "ser", "fazer" e "ter".

Digo, por exemplo, que eles podem escolher ser mais organizados, fazer um curso de uma determinada língua, querer ter mais paciência. Dou exemplos que vão além de coisas materiais, embora também os incentive a pensar nelas. Tudo o que eles desejarem ser, fazer ou ter pode entrar nessa lista.

Depois que eles fizerem a lista, podem escolher cerca de 10 sonhos que eles desejam muito realizar e que sejam factíveis (podem ser sonhos imensos, mas não podem ser coisas estapafúrdias como "Quero ter todo dinheiro do planeta!" – sim, engraçado, mas alguns dos meus alunos escrevem sonhos assim na primeira etapa, quando não recriminamos nenhuma ideia).

Nessa fase, eles vão escolher esses sonhos e buscar imagens para fazer colagens, desenhar ou imprimir, em formato de cartaz, usando de uma a quatro folhas A4 (pode ser uma folha A3 também). Depois que eles criarem seus cartazes, passam para a próxima etapa: a escrita de uma meta SMART.

SMART é um acrônimo que apresenta critérios para avaliação da elaboração de metas, de modo que haja mais probabilidade de elas serem realizadas. Vejamos:

S = *specific* (específica)
M = *measurable* (mensurável)
A = *attainable* (atingível, realista)
R = *relevant* (relevante)
T = *time-bound* (com prazo para acontecer)

Ao escrever uma meta, podemos usar as palavras do acrônimo para checar se temos informações detalhadas da meta que queremos alcançar. Veja a diferença:

1. Quero ganhar muito dinheiro;

2. Quero ter 100 mil reais investidos em até 5 anos para dar entrada em um apartamento no bairro X.

Podemos perceber que estabelecer metas SMART dá trabalho – e agir para torná-las reais ainda mais, não é? Por essa razão, sugira que seus alunos escolham de um a três diferentes sonhos para transformarem em metas SMART.

Por exemplo, um aluno cola uma imagem da bandeira da França, representando que gostaria de visitar Paris. Se esse for um dos sonhos mais importantes do seu cartaz, ele vai transformá-lo agora por escrito, contendo detalhes:

> Quero conhecer Paris quando eu completar 18 anos, daqui a três anos. Vou passar uma semana na capital e dois dias na Disney. Para isso, precisarei de cerca de 20 mil reais. Essa meta é importante porque poderei praticar o francês que estou estudando neste período e porque poderei realizar meu sonho de visitar o Louvre e o Arco do Triunfo.

Depois, eles podem apresentar seus cartazes com os sonhos e contar para os colegas sobre uma de suas metas, compartilhando seus planejamentos uns com os outros.

Além disso

Esta é uma ferramenta que eu uso bastante nas minhas aulas de inglês, assim como várias outras apresentadas neste livro. Então, uma variação que eu uso para o quadro dos sonhos é que, além das imagens, eles escrevam frases contendo *I will, I want, My dream is* etc., completando-as com o sonho deles. Por exemplo: *My dream is to go to Paris and visit the Louvre Museum*. Dessa maneira, cada imagem que representa um sonho terá sua frase em inglês correspondente.

Eles podem apresentar seus sonhos em inglês para toda a turma, seja na sala de aula, seja em vídeos gravados em que mostram seus cartazes e descrevem os sonhos na língua estrangeira. Da mesma forma, eles podem escrever as metas SMART em inglês, ficando opcional apresentarem oralmente ou apenas por escrito.

Por fim, mesmo em português, uma atividade adicional é pedir que eles estabeleçam os passos necessários para alcançar as metas elencadas.

Com esta atividade, eles conseguem entender a diferença entre sonhos, objetivos, metas e plano de ação.

Matriz de Eisenhower

Material: cópia da Matriz de Eisenhower e uma lista de atividades escritas em ordem aleatória (ou pode-se fazê-la no quadro para os alunos copiarem nos cadernos).
Tempo: 30 minutos.

Passo a passo

A Matriz de Eisenhower é uma ferramenta de gerenciamento de tempo e prioridades criada por Dwight D. Eisenhower, ex-presidente dos Estados Unidos. Ela divide as tarefas em quatro quadrantes, com base em urgência e importância, auxiliando na tomada de decisão sobre o que fazer primeiro. Ao ensinar essa ferramenta, podemos ajudar nossos alunos a identificar e priorizar atividades e compromissos e promover neles a autogestão consciente sobre o uso do tempo.

Primeiro, explique aos alunos o conceito da Matriz de Eisenhower e sua utilidade para organizar o tempo; enfatize a importância de saber distinguir entre o que é urgente e o que é importante em suas vidas. Em seguida, distribua as folhas ou peça aos alunos que desenhem uma matriz 2x2 em uma folha de papel, orientando-os a rotular os quadrantes da seguinte forma:

Quadrante 1	Quadrante 2
Importante e urgente	Importante, mas não urgente
Quadrante 3	Quadrante 4
Urgente, mas não importante	Não importante nem urgente

Solicite aos alunos que listem diferentes atividades, compromissos e tarefas existentes em suas vidas. Em seguida, peça-lhes que classifiquem cada item na Matriz de Eisenhower, de acordo com a urgência e a importância.

Veja a seguir exemplos de itens a serem classificados. Lembre-se de colocar esses itens de forma aleatória no quadro, em uma folha impressa ou uma apresentação:

Quadrante 1	Quadrante 2
Estudar para uma prova, entregar um trabalho importante	Fazer exercícios físicos, ler um livro, aprender um novo *hobby*
Quadrante 3	Quadrante 4
Responder mensagens no celular, assistir a vídeos	Jogar online, assistir a programas de TV.

Ao fim da atividade, peça a alguns voluntários que compartilhem suas matrizes e expliquem suas classificações. Discutam as diferentes prioridades e a importância de focar as atividades dos quadrantes 1 e 2. Por fim, incentive os alunos a refletirem sobre como podem aplicar essa ferramenta em sua rotina diária.

Além disso

Veja a seguir uma matriz preenchida com atividades de um adolescente. Dessa forma, fica claro entender cada quadrante e a importância de se dedicar principalmente às tarefas do quadrante 2, para que não virem uma urgência e não gerem estresse desnecessário.

Importante e urgente	Importante, mas não urgente
• Estudar para a prova de amanhã • Resolver um problema de família • Preparar uma apresentação de Ciências • Trabalhar no projeto de História • Conversar com a Carol para resolver um problema	• Fazer um plano de estudo para o semestre • Escrever meu currículo • Começar a fazer um *hobby* para desenvolver habilidades • Fazer meu quadro dos sonhos • Ler um livro para aprender algo novo
Urgente, mas não importante	**Não importante nem urgente**
• Responder a mensagens todo momento que chega notificação • Atender as chamadas dos amigos e ficar conversando por horas • Gastar tempo com atividades sem propósito claro	• Jogar *videogame* por horas • Fofocar com amigos • Jogar no celular a tarde toda • Maratonar séries • Fazer atividades que não trazem benefícios a longo prazo

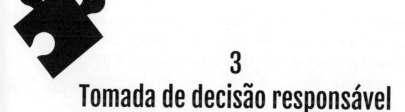

3
Tomada de decisão responsável

Autoavaliação para tomada de decisão

Material: folha de autoavaliação impressa (sugestão de modelo no fim da atividade).
Tempo: 20 minutos.

Passo a passo

Pergunte aos alunos se eles se lembram de alguma decisão que tomaram na última semana. Essas decisões podem ser escolher entre dormir cedo ou ficar até tarde assistindo a vídeos no celular, mesmo sabendo que precisariam acordar cedo para ir para a escola. Pode ser também a escolha de fazer o dever de casa em um dia ou no outro, ou mesmo entre comprar um ou outro objeto. Deixe que eles se expressem, ouvindo a todos, se possível.

Pode ser que os alunos adolescentes digam que eles não fazem escolhas, que são mandados pelos pais, tutores ou responsáveis. Dê a eles exemplos como os listados anteriormente, para que eles percebam que estamos tomando decisões o tempo todo, em maior ou menor grau, com impacto imediato ou de longo prazo.

Depois, entregue a eles a folha de autoavaliação e diga que eles vão ter um momento para refletir um pouco sobre como eles tomam decisões diárias e como eles se avaliam em relação a essa habilidade. Ao terminarem de preencher a folha, eles podem discutir em duplas, trios ou quartetos, compartilhando suas respostas.

Além disso

Lembre-se de que o objetivo aqui não é ter resposta certa ou errada. Buscamos que os próprios alunos possam refletir se estão fortalecidos no que se refere a tomar boas decisões ou se podem desenvolver melhor essa habilidade.

A seguir, um modelo de questionário que eles podem receber para refletir sobre a tomada de decisão responsável:

Formulário de autoavaliação para tomada de decisões

Necessário melhorar	OK	Razoável	Muito bom	Excelente
1	2	3	4	5

Qual sua nota para tomada de decisão?

1	2	3	4	5

Dê um exemplo de uma decisão que você tomou para atender os melhores interesses seus e de outras pessoas.

Quais decisões você tomou referentes a seus próprios comportamentos?

Para você, o que significa tomada de decisão responsável?

Labirinto ético

Material: fita adesiva ou barbante para criar o labirinto, fichas contendo as situações desafiadoras impressas.
Tempo: 30 minutos.

Passo a passo

Crie um labirinto no chão da sala, usando fita adesiva ou cordas. Coloque diferentes cenários éticos em cada seção do labirinto, representando situações desafiadoras que envolvem tomada de decisão.

Então, divida os participantes em grupos e peça que cada grupo comece em um ponto diferente do labirinto. Os grupos devem percorrer o labirinto discutindo e tomando decisões éticas para cada cenário que encontrarem.

Ao fim, os grupos compartilham suas decisões e justificativas, promovendo a reflexão e o debate sobre a tomada de decisão responsável.

Além disso

Aqui estão 15 situações que podem servir de base para esse tipo de atividade:

1. Você descobre que seu melhor amigo colou em uma prova importante. Ele pede para você não contar a ninguém. O que você faz?

2. Durante uma viagem de campo, você encontra uma bolsa com dinheiro e documentos. Não há ninguém por perto. Você decide ficar com o dinheiro ou tenta devolver a bolsa?

3. Seu colega de classe é constantemente excluído e humilhado pelos outros. Você presencia isso, mas não sabe se deve intervir. O que você faz?

4. Você percebe que seu professor está favorecendo alguns alunos em detrimento de outros. Você decide denunciar a situação ou se mantém calado?

5. Um amigo seu foi pego roubando na loja da escola. Ele lhe pede para mentir sobre o ocorrido. Você aceita ou se recusa a mentir?

6. Você testemunha um amigo usando drogas. Ele lhe pede para não contar nada a ninguém. Qual a melhor decisão?

7. Um colega seu está sendo fisicamente agredido por outros estudantes. Você intervém ou prefere não se envolver?

8. Você encontra uma oportunidade de colar durante uma prova importante. Você aproveita a chance ou mantém sua integridade?

9. Seu grupo decidiu plagiar parte de um trabalho. Você concorda com isso ou se recusa a participar?

10. Você recebe uma avaliação injusta de um professor. Você reclama ou aceita calado?

11. Seus pais lhe dão dinheiro para comprar um livro, mas você decide usar o dinheiro para outra coisa. Você conta a verdade aos seus pais ou mantém segredo?

12. Um colega seu está sendo alvo de *bullying* na escola. Você intervém para defendê-lo ou prefere não se envolver?

13. Você descobre que seu irmão ou sua irmã está mentindo para seus pais. Você decide contar a verdade ou mantém o segredo?

14. Você tem a oportunidade de fazer uma prova de recuperação sem a devida fiscalização. Você aproveita a chance ou decide não colar?

15. Um amigo pede que você minta para os pais dele sobre onde ele passou a noite. Você mente ou diz a verdade?

Mercado de valores éticos

Material: tiras de papel com nomes, valores e etiqueta de preços, notas de dinheiro de brinquedo.

Tempo: 30 minutos.

Passo a passo

Crie um "Banco de Valores Éticos". Para isso, imprima ou crie cartões com os diferentes valores éticos (honestidade, respeito, colaboração, integridade, responsabilidade etc.) e atribua um valor monetário a cada um deles, variando de acordo com a importância que você acredita que os alunos irão atribuir a eles. Disponibilize esses "cartões de valores" em uma mesa ou uma área central da sala de aula.

Cada participante receberá uma quantia fictícia de dinheiro para investir em valores éticos. Os participantes devem decidir como distribuir seu dinheiro, escolhendo quais valores são mais importantes para eles e merecem um investimento maior.

Em seguida, promova uma discussão em grupo, incentivando os participantes a explicarem suas escolhas e a considerarem o impacto de suas decisões éticas.

Além disso

Aqui estão algumas ideias para tornar esta dinâmica ainda mais interativa e divertida:

1. Utilize moedas ou fichas de jogo como dinheiro fictício. Distribua uma quantia inicial igual para cada participante (p. ex.: 100 reais). Peça aos alunos que escolham como investir seu "dinheiro" nos valores éticos que consideram mais importantes.

2. Crie um "Mercado de Valores Éticos":

- Organize a sala de aula como um mercado, com os "cartões de valores" dispostos em diferentes "bancas".
- Peça aos alunos que circulem pelo "mercado" e invistam seu dinheiro nos valores éticos que desejam.
- Incentive-os a negociar, barganhar e discutir entre si sobre suas escolhas.

3. Promova uma "Feira de Valores Éticos":

- Após os alunos investirem seu dinheiro, convide-os a apresentar suas escolhas em uma "feira".
- Cada aluno pode montar um "estande" ou uma "barraca" para explicar suas decisões e defender seus investimentos.
- Encoraje-os a interagir com os colegas, trocando ideias e argumentos.

4. Realize um "Debate Ético":

- Após a atividade de investimento, organize um debate em que os alunos possam discutir suas escolhas e defender seus pontos de vista.
- Divida a turma em grupos e atribua a cada grupo um valor ético, cuja importância deverá ser defendida por eles.
- Incentive a troca de ideias, o respeito às opiniões divergentes e a busca por soluções consensuais.

O conselho

Material: diferentes cenários impressos ou escritos no quadro.
Tempo: duas aulas de 50 minutos.

Passo a passo

Apresente aos participantes diferentes cenários ou dilemas que envolvem tomada de decisão responsável. Divida os participantes em pequenos grupos e atribua a cada grupo um cenário para discutir.

Dentro de cada grupo, os participantes devem assumir diferentes papéis, como o líder, o especialista, o consultor etc. Cada participante deve contribuir com ideias e argumentos, considerando diferentes perspectivas e levando em conta a responsabilidade de suas decisões.

Por fim, os grupos compartilham suas decisões e os processos de tomada de decisão, promovendo a aprendizagem coletiva e a conscientização sobre a importância da responsabilidade nas decisões.

Além disso

Seguem algumas sugestões de cenários ou dilemas que envolvem a tomada de decisão responsável, todas elaboradas com o uso do ChatGPT:

Uso de redes sociais e tecnologia:

1

- Um amigo compartilha uma foto sua em uma rede social sem sua permissão. Você decide confrontá-lo ou pedir que remova a foto?
- Você recebe uma mensagem com conteúdo íntimo de um colega. Você decide compartilhar essa informação com outras pessoas ou mantê-la em sigilo?
- Você testemunha alguém compartilhando conteúdo prejudicial sobre outro colega nas redes sociais. Você intervém ou prefere não se envolver?

2 | **Situações em grupo:**

- Seu grupo decide copiar partes de um trabalho da internet sem citar as fontes. Você concorda com essa decisão ou se opõe a ela?

- Seu time de esportes decide infringir uma regra fundamental durante uma partida importante. Você concorda com essa decisão ou se recusa a participar?

- Seu grupo de amigos planeja fazer algo ilegal, como vandalismo ou furto. Você decide acompanhá-los ou se afasta da situação?

3 | **Questões de integridade:**

- Você descobre que seu melhor amigo colou em um teste importante. Ele pede para você não contar nada. Você mantém o segredo ou relata o ocorrido?

- Você encontra uma quantia significativa de dinheiro perdida. Você decide ficar com o dinheiro ou tenta devolvê-lo ao seu dono?

- Você tem a oportunidade de colar em uma prova importante. Você aproveita essa chance ou mantém sua integridade?

4 | **Situações familiares:**

- Seus pais pedem que você minta sobre sua idade para conseguir um desconto em um ingresso. Você mente ou diz a verdade?

- Seu irmão ou sua irmã pede que você cubra uma mentira que ele(a) contou aos pais. Você decide ajudá-lo(a) a manter a mentira ou revela a verdade?

- Seus pais lhe dão dinheiro para comprar um livro, mas você decide usar o dinheiro para outra coisa. Você conta a verdade aos seus pais ou mantém segredo?

5 Situações de *bullying* e preconceito:

- Você presencia um colega sendo alvo de *bullying* ou preconceito. Você intervém para defendê-lo ou prefere não se envolver?
- Você descobre que um grupo de colegas está excluindo e humilhando um aluno. Você decide apoiar o grupo ou defender a vítima?
- Sua melhor amiga faz comentários preconceituosos sobre outros colegas. Você confronta sua amiga ou prefere manter silêncio?

6 Situação de consumo e finanças:

- Você recebe uma proposta de um amigo para comprar uma cópia pirata de um jogo ou *software*. Você aceita a oferta ou a recusa, optando pela versão original?
- Seus pais lhe dão uma mesada mensal. Você decide gastar todo o dinheiro em itens pessoais ou reserva uma parte para economizar?
- Você tem a oportunidade de comprar um produto com um preço muito abaixo do normal, mas suspeita que o produto seja roubado. Você decide comprá-lo mesmo assim?

7 Situações de saúde e bem-estar:

- Você descobre que seu amigo está fazendo uso abusivo de drogas ou álcool. Você tenta ajudá-lo ou prefere não se envolver?
- Você testemunha um colega praticando autoagressão. Você decide contar aos pais ou profissionais da escola ou mantém isso em segredo?
- Seus amigos lhe oferecem uma bebida alcoólica em uma festa. Você aceita a oferta ou recusa, optando por manter sua sobriedade?

8 Situações de segurança e legalidade:

- Você presencia um colega roubando material da escola. Você decide denunciar o ocorrido ou prefere não se envolver?

- Seus amigos o convidam para participar de um ato de vandalismo contra a escola. Você aceita o convite ou se recusa a participar?

- Você descobre que um colega planejou uma ação ilegal, como uma invasão a uma propriedade. Você tenta impedi-lo ou mantém segredo?

9 Dilemas envolvendo relacionamentos:

- Seu melhor amigo lhe pede para mentir para os pais dele sobre onde ele esteve. Você mente ou diz a verdade?

- Você descobre que foi traído(a) pelo(a) namorado(a). Você decide terminar o relacionamento ou dar uma nova chance?

- Seus amigos planejam uma brincadeira prejudicial contra outro colega. Você se junta a eles ou se recusa a participar?

10 Situações envolvendo desigualdade e justiça social:

- Você testemunha um ato de discriminação ou preconceito contra um colega. Você intervém ou prefere não se envolver?

- Você descobre que um professor está dando tratamento diferenciado a alguns alunos. Você decide denunciar a situação ou mantém silêncio?

- Você tem a oportunidade de ajudar um colega em situação de vulnerabilidade, mas isso pode prejudicar seus próprios interesses. Você decide ajudá-lo ou prioriza seus interesses?

Tabuleiro das decisões

Material: jogo de tabuleiro feito em papel A4 ou cartão plastificado (para ter maior durabilidade), dados, fichas com diferentes cenários e opções de decisão.

Tempo: 50 minutos.

Passo a passo

Crie um jogo de tabuleiro com diferentes cenários e opções de decisão. Os participantes devem escolher o caminho a seguir em cada situação, considerando os possíveis resultados positivos e negativos de cada escolha. Ao longo do jogo, estimule discussões sobre as implicações das decisões e promova reflexões sobre a importância de tomar decisões responsáveis.

Você pode pegar modelos de tabuleiro prontos na internet ou mesmo pedir que os alunos desenhem modelos. Lembre-se de incluir ações como "Volte três casas", "Avance duas casas", "Espere mais uma rodada", entre outras, para tornar o jogo mais divertido.

O ideal é que você tenha tabuleiros suficientes para grupos de no máximo seis participantes. Ao longo da atividade, visite os grupos e ouça os alunos, fazendo anotações e estimulando o debate a respeito dos impactos possíveis de cada escolha feita.

Além disso

A seguir, compartilho alguns modelos de fichas com os cenários para você tirar cópias e usar em sua aula. Sinta-se à vontade para adaptar e complementar conforme necessário.

Cenário 1: Consumo e finanças	**Cenário 2: Saúde e bem-estar**
Seu amigo lhe oferece a oportunidade de comprar uma cópia pirata de um jogo. O jogo original custa 80 reais, mas a cópia pirata custa apenas 20.	Você percebe que seu amigo está fazendo uso abusivo de drogas. Ele lhe pede para manter isso em segredo.
A) Você aceita a oferta e compra a cópia pirata, pois é mais barata.	A) Você decide contar aos seus pais ou a um professor de confiança para que seu amigo possa receber ajuda.
B) Você recusa a oferta e decide comprar o jogo original, mesmo que custe mais caro.	B) Você mantém o segredo, pois seu amigo lhe pediu para não contar a ninguém.
C) Você agradece a oferta, mas explica a seu amigo que não pode comprar produtos pirateados.	C) Você conversa com seu amigo, tentando convencê-lo a parar com o uso de drogas e a procurar ajuda.

Cenário 3: Segurança e legalidade	**Cenário 4: Relações e amizade**
Você testemunha um colega roubando material da escola. Ele lhe pede para não contar a ninguém.	Seu amigo de longa data lhe pede para mentir para os pais dele sobre onde ele passou a noite.
A) Você decide não se envolver e mantém o segredo, como seu colega pediu.	A) Você mente para os pais do seu amigo, para protegê-lo.
B) Você relata o ocorrido a um professor ou diretor da escola, pois considera o roubo uma atitude errada.	B) Você se recusa a mentir e diz a seu amigo que ele deve assumir suas responsabilidades.
C) Você conversa com seu colega, tentando convencê-lo a devolver o material e assumir suas responsabilidades.	C) Você conversa com seu amigo e tenta convencê-lo a dizer a verdade aos pais.

Cenário 5: Meio ambiente e sustentabilidade	Cenário 6: Educação e oportunidades
Você percebe que seu vizinho está jogando lixo no riacho atrás da casa dele. A) Você ignora a situação, pois não quer se envolver. B) Você relata o problema às autoridades responsáveis pela preservação ambiental. C) Você conversa com seu vizinho, explicando os impactos negativos desse tipo de atitude.	Um colega de classe pede para copiar suas respostas em uma prova importante. A) Você empresta suas respostas, para ajudar seu colega. B) Você se recusa a emprestar suas respostas, pois considera isso uma forma de cola. C) Você orienta seu colega a estudar mais e se preparar melhor para a prova.
Cenário 7: Integridade e honestidade	**Cenário 8: Família e responsabilidades**
Você acha uma carteira com dinheiro e documentos na rua. A) Você fica com o dinheiro e joga fora os documentos. B) Você entrega a carteira à polícia, para que a pessoa que a perdeu possa recuperá-la. C) Você tenta encontrar o dono da carteira e devolvê-la pessoalmente.	Seus pais pedem que você fique em casa para cuidar do seu irmão menor, enquanto eles saem. A) Você sai com seus amigos, deixando seu irmão sozinho em casa. B) Você fica em casa e cuida do seu irmão, como seus pais solicitaram. C) Você negocia com seus pais para ir com seus amigos, desde que seu irmão seja deixado sob a supervisão de um adulto responsável.

Cenário 9: Tecnologia e privacidade	Cenário 10: Responsabilidade social
Você descobre que seu colega de classe está compartilhando fotos íntimas da ex-namorada dele nas redes sociais.	Você presencia um homem em situação de rua pedindo ajuda em uma avenida.
A) Você não se envolve, pois não é sua vida.	A) Você ignora a situação e segue seu caminho.
B) Você denuncia o comportamento do seu colega às autoridades competentes.	B) Você doa algum dinheiro ou alimento para o homem.
C) Você conversa com seu colega, tentando convencê-lo a remover as fotos e respeitar a privacidade da ex-namorada.	C) Você entra em contato com entidades de assistência social para tentar ajudar o homem de forma mais efetiva.

Cenário 11: Empreendedorismo e oportunidades	Cenário 12: Saúde e bem-estar
Seu amigo o convida para participar de um negócio ilegal, com a promessa de ganhos rápidos.	Você descobre que seu colega está sofrendo *bullying* na escola.
A) Você aceita a proposta, pois o dinheiro extra seria muito útil.	A) Você não se envolve, pois não quer se meter em problemas alheios.
B) Você recusa a oferta, pois sabe que qualquer atividade ilegal pode trazer problemas.	B) Você relata o *bullying* à direção da escola, para que providências sejam tomadas.
C) Você conversa com seu amigo, tentando convencê-lo a desistir dessa ideia e buscar alternativas legais e éticas.	C) Você conversa com seu colega, oferecendo apoio e orientando-o a buscar ajuda de professores ou da família.

Cenário 13: Consumo e finanças	Cenário 14: Segurança e legalidade
Seus pais lhe dão uma quantia em dinheiro para comprar os materiais escolares necessários. A) Você gasta o dinheiro com coisas que não são relacionadas aos materiais escolares. B) Você compra apenas os materiais escolares necessários, economizando o restante do dinheiro. C) Você conversa com seus pais, explicando como pretende utilizar o dinheiro e pedindo sugestões sobre o que comprar.	Você presencia um colega de classe ameaçando outro aluno. A) Você não faz nada, pois não quer se envolver em confusão. B) Você relata o incidente à direção da escola, para que medidas sejam tomadas. C) Você conversa com seu colega que está ameaçando o outro, tentando fazê-lo entender que esse tipo de atitude é inaceitável.
Cenário 15: Relações e amizade	Cenário 16: Meio ambiente e sustentabilidade
Um amigo o convida para fumar um cigarro de maconha. A) Você aceita o convite, porque quer experimentar. B) Você recusa o convite, pois sabe que o uso de drogas é ilegal e prejudicial à saúde. C) Você conversa com seu amigo, explicando os riscos do uso de drogas e tentando convencê-lo a desistir dessa ideia.	Você percebe que sua família desperdiça muita água durante o banho. A) Você não fala nada, pois não quer discutir com sua família. B) Você conversa com sua família, sugerindo formas de economizar água durante o banho. C) Você instala um temporizador no chuveiro, para limitar o tempo de banho e evitar o desperdício de água.

Cenário 17: Educação e oportunidades	Cenário 18: Integridade e honestidade
Seu professor lhe oferece a oportunidade de fazer um trabalho extra para melhorar sua nota. A) Você não se interessa, pois acha que já tem uma boa nota. B) Você aceita a oportunidade e se esforça para fazer um ótimo trabalho. C) Você conversa com o professor, explicando suas dificuldades na disciplina e pedindo orientação sobre como melhorar seu desempenho.	Você encontra uma quantia alta de dinheiro em um envelope na rua. A) Você fica com o dinheiro, pois ninguém vai saber que foi você. B) Você entrega o dinheiro à polícia, para que o verdadeiro dono possa recuperá-lo. C) Você tenta localizar o dono do dinheiro, perguntando aos moradores da região se alguém perdeu algo.

Cenário 19: Família e responsabilidades	Cenário 20: Medicina ética
Seus pais pedem que você ajude sua avó com as tarefas domésticas. A) Você se recusa, pois prefere ficar com seus amigos. B) Você ajuda sua avó com as tarefas, como seus pais solicitaram. C) Você conversa com seus pais, explicando que também tem outras atividades importantes e negocia uma forma de dividir as responsabilidades.	Você é um médico em um hospital e está atendendo um paciente gravemente ferido após um acidente de carro. O paciente está inconsciente e precisa de uma cirurgia urgente para salvar sua vida. No entanto, você percebe que existem apenas duas bolsas de sangue disponíveis no hospital naquele momento. A) Você pode usar as duas bolsas de sangue para o paciente atual, salvando sua vida, mas isso significa que outros pacientes que precisam de transfusão não poderão ser atendidos imediatamente. B) Você pode dividir as duas bolsas de sangue entre o paciente atual e outros pacientes que também precisam, salvando algumas vidas, mas não a do paciente grave. C) Você pode priorizar outros pacientes e não usar as duas bolsas de sangue no paciente grave, deixando-o morrer, mas garantindo que outros pacientes sejam atendidos.

As 7 perguntas

Material: papel e caneta.

Tempo: 30 minutos.

Passo a passo

Entregue aos alunos folhas contendo as sete perguntas a seguir ou anote-as no quadro ou na apresentação.

1. O que preciso decidir?
2. Quais são minhas opções?
3. Quais são os pontos positivos de cada opção?
4. Quais são os pontos negativos de cada opção?
5. Avaliando esses pontos, qual opção parece mais atraente?
6. Existe algum ponto que eu deva considerar antes de decidir?
7. Qual opção é a melhor e mais diretamente relacionada à minha meta principal?

Peça aos alunos para pensarem em uma decisão que precisam tomar. Não precisa ser nada grandioso, mas uma decisão que tenha pelo menos duas boas opções. Pode ser sobre ir ou não a uma festa na véspera de uma prova importante, fazer exercícios acordando mais cedo ou optar por acordar mais tarde, escolher para qual escola ou faculdade seguir e assim por diante.

Em seguida, dê um tempo para que eles possam pensar tanto no que precisam decidir como em todas as perguntas, a fim de que possam chegar a uma decisão.

Quando terminarem, peça que compartilhem as reflexões em pares e façam perguntas uns aos outros. Pergunte se os questionamentos dos colegas fizeram com que eles alterassem a decisão que já estava tomada ou, ainda, se necessitam de mais informações para fazer uma escolha mais confiante.

Além disso

Vamos ilustrar esse roteiro para tomada de decisões com uma preocupação de alunos do 9º ano: em que escola eles devem cursar o Ensino Médio?

Essa é uma questão que apresenta inúmeras opções, em alguns casos, e que depende de algumas variáveis, como a decisão dos pais também. Mas, aqui, vamos simplificar, fazendo como se o próprio aluno fosse tomar essa decisão.

1. O que preciso decidir?

Onde vou estudar no Ensino Médio no próximo ano.

2. Quais são minhas opções?

Escola A: particular. Escola B: pública. Escola C: pública militar. Escola D: pública, integral, em outro estado. Escola E: pública, bilíngue. Escola F: pública, ensino técnico.

3. Quais são os pontos positivos de cada opção?

A) Próximo a minha casa, estrutura moderna.

B) Próximo a minha casa, bons professores, menor carga horária do que a particular.

C) Ensino rigoroso e preparatório para avançar para a universidade.

D) Ensino rigoroso, preparatório para carreira nas Forças Armadas, conceituada, possibilidade de bolsa de estudos, horário integral.

E) Ensino integral com mais aulas de Inglês, oportunidades de intercâmbio.

F) Profissionalizante, preparação para o mercado de trabalho, boas aprovações nas universidades públicas.

4. Quais são os pontos negativos de cada opção?

A) Não tem alto índice de aprovação no Enem, ensino raso.

B) Sem índice de aprovação no Enem, greves.

C) Longe de casa, difícil de entrar.

D) Em outro estado.

E) Longe da minha casa, Ensino Médio não profissionalizante.

F) Disputada, Ensino Médio profissionalizante (não sei se vou ter todas as matérias para me garantir no Enem).

5. Avaliando esses pontos, qual opção parece mais atraente?

As escolas D e F parecem ser as melhores, por terem a ver com possíveis profissões que poderei ter.

6. Existe algum ponto que eu deva considerar antes de decidir?

Preciso decidir se vai ser melhor fazer carreira militar para ser piloto de avião ou se faço ensino técnico, para ingressar em Engenharia Mecânica na faculdade. Acho que preciso conversar com meus pais, porque na escola D eu vou ter que morar em alojamento estudantil e em outro estado. Preciso pegar informações sobre notas do Enem também.

7. Qual opção é a melhor e mais diretamente relacionada à minha meta principal?

Como pretendo ser piloto de avião e não tenho dinheiro para pagar uma formação particular, o melhor vai ser eu me preparar para ter uma vaga na escola D.

Claro que o exemplo apresentado aqui é fictício e não cobre todas as possíveis variáveis, bem como não apresenta informações completas. Parte importante para a tomada de decisões é ter informações confiáveis e o mais detalhadas possível para fazer uma escolha bem-sucedida.

CEO por um dia

Material: papel e caneta, folhas com os cenários para os alunos debaterem e tomarem decisões.
Tempo: 50 minutos.

Passo a passo

Crie um jogo de simulação em que os participantes devem tomar decisões rápidas e responsáveis diante de diferentes situações. Por exemplo, você pode criar um cenário em que os participantes sejam gerentes ou CEOs de uma empresa e precisem lidar com desafios repentinos, como uma crise financeira ou um problema ético. Eles devem tomar decisões em tempo real e observar as consequências de suas escolhas.

O jogo é dividido em rodadas, com cada rodada apresentando um novo desafio ou crise que a empresa enfrenta. Os participantes têm um tempo limitado (p. ex.: cinco minutos) para analisar a situação e escolher uma entre três opções de ação (A, B ou C). As opções representam diferentes abordagens éticas, financeiras e estratégicas para lidar com o desafio.

Após a escolha, os participantes recebem *feedback* sobre as consequências de sua decisão, tanto positivas quanto negativas. O objetivo é que eles aprendam a equilibrar diferentes prioridades e tomar decisões éticas, mesmo sob pressão.

Lembre-se de adaptar as situações e mesmo suas expectativas de respostas de acordo com a idade e o nível de maturidade dos alunos das suas turmas. Combinado?

Além disso

Que tal já termos na manga alguns exemplos de desafios e consequências que o nosso amigo ChatGPT criou para facilitar nosso trabalho?

Desafio 1
Crise financeira

A) Demitir 20% dos funcionários para reduzir custos.

- Consequências: Melhora os resultados financeiros a curto prazo, mas afeta a moral da equipe e a imagem da empresa.

B) Reduzir os salários dos executivos em 30% para evitar demissões.

- Consequências: Preserva os empregos, mas pode gerar insatisfação entre a liderança.

C) Obter um empréstimo bancário e fazer cortes menores em diversos setores.

- Consequências: Evita demissões e mantém a equipe motivada, mas aumenta o endividamento da empresa.

Desafio 2
Denúncia de práticas trabalhistas questionáveis

A) Ignorar a denúncia e continuar com as práticas atuais.

- Consequências: Evita problemas imediatos, mas pode levar a processos judiciais e danos à reputação da empresa no futuro.

B) Investigar a denúncia e implementar melhorias nas práticas trabalhistas.

- Consequências: Demonstra compromisso com a ética, mas pode gerar custos adicionais a curto prazo.

C) Demitir o funcionário que fez a denúncia, para evitar problemas.

- Consequências: Resolve o problema imediato, mas afeta a confiança e o engajamento dos funcionários.

Desafio 3
Corte de custos

A) Fechar a fábrica menos rentável, demitindo 100 funcionários.

- Consequências: Melhora os lucros, mas afeta a comunidade local e a imagem da empresa.

B) Interromper a produção de um produto pouco lucrativo.

- Consequências: Foca os produtos mais rentáveis, mas pode frustrar alguns clientes.

C) Reduzir os benefícios dos funcionários para economizar.

- Consequências: Ocorre economia de custos, mas pode afetar a satisfação e a retenção de talentos.

Desafio 4
Investimento em sustentabilidade

A) Investir em tecnologias verdes para reduzir a pegada de carbono da empresa.

- Consequências: Melhora a imagem da empresa, mas aumenta os custos a curto prazo.

B) Manter as práticas atuais e focar lucros a curto prazo.

- Consequências: Há resultados financeiros imediatos, mas risco de danos ambientais e na reputação.

C) Comunicar os planos de sustentabilidade aos acionistas e pedir aprovação.

- Consequências: Garante o apoio dos acionistas, mas pode exigir um investimento maior.

Desafio 5
Diversidade e inclusão

A) Implementar metas de diversidade para contratação e promoção.

- Consequências: Melhora a diversidade da equipe, mas pode gerar resistência de alguns funcionários.

B) Manter as práticas atuais de contratação e promoção.

- Consequências: Perpetua a falta de diversidade, mas evita conflitos imediatos.

C) Oferecer treinamentos de conscientização sobre vieses inconscientes.

- Consequências: Promove a inclusão, mas requer investimento em capacitação.

Desafio 6
Automação e substituição de mão de obra

A) Automatizar processos para reduzir custos com mão de obra.

- Consequências: Melhora a eficiência, mas leva à demissão de funcionários.

B) Manter a força de trabalho atual, apesar dos custos mais altos.

- Consequências: Preserva os empregos, mas pode reduzir a competitividade da empresa.

C) Investir em programas de requalificação dos funcionários.

- Consequências: Prepara a equipe para a transição, mas requer investimento a curto prazo.

Desafio 7
Escândalo de corrupção

A) Negar qualquer envolvimento e manter as operações funcionando normalmente.
- Consequências: Evita problemas imediatos, mas pode levar a investigações e danos à reputação.

B) Realizar uma investigação interna e cooperar com as autoridades.
- Consequências: Demonstra transparência, mas pode expor falhas na governança da empresa.

C) Demitir os funcionários envolvidos e informar os acionistas.
- Consequências: Sinaliza o compromisso com a integridade, mas pode afetar a confiança dos investidores.

Consenso

Material: papel e caneta, folhas com os cenários para os alunos debaterem e tomarem decisões.

Tempo: pode ser uma aula de 50 minutos ou várias aulas ao longo do ano letivo.

Passo a passo

Nesta atividade, que pode até se transformar em um projeto um pouco maior, os alunos são desafiados a trabalhar em equipe para resolver um problema e chegar a uma decisão que beneficie a todos.

Vocês podem juntos pensar em problemas da realidade da comunidade escolar onde estão inseridos, incluindo a sala de aula, o espaço escolar e o entorno da escola. Dessa forma, a atividade ainda contribui para o desenvolvimento do pensamento crítico e da cidadania.

É importante destacar para os alunos que todos temos direitos e deveres, e que nem sempre uma decisão importante vai conseguir atender ou tampouco agradar a todos, mas que ainda assim decisões precisam ser tomadas, seja nas famílias, escolas e empresas, seja na sociedade como um todo, buscando beneficiar a todos ou, pelo menos, a maioria das pessoas envolvidas.

Diga a eles que neste exercício poderão praticar a tomada de decisão conjunta, pensando no coletivo.

Além disso

Aqui estão 20 situações cotidianas em uma escola com alunos adolescentes e nas quais decisões por consenso podem beneficiar a todos:

1. **Regras de uso do celular na sala de aula:** Decidir conjuntamente quando e como os celulares podem ser usados, respeitando o aprendizado.

2. **Organização do espaço da sala de aula:** Discutir como organizar as mesas e cadeiras para melhorar a interação e o foco.

3. **Escolha de temas para os trabalhos em grupo:** Permitir que os alunos sugiram os temas que mais lhes interessam e votem neles.

4. **Planejamento de atividades extracurriculares:** Envolver os alunos no planejamento de eventos, passeios e atividades esportivas.

5. **Normas de convivência na escola:** Criar em conjunto regras de respeito, pontualidade e cuidado com o espaço escolar.

6. **Seleção de livros para a biblioteca:** Solicitar sugestões dos alunos e fazê-los votar nas obras que mais os agradam.

7. **Definição de cardápio para o lanche:** Considerar as preferências e restrições alimentares dos alunos.

8. Escolha de temas para os trabalhos de pesquisa: Permitir que os alunos proponham e discutam os temas de seu interesse.

9. Organização de festas e confraternizações: Envolver os alunos no planejamento e na execução desses eventos.

10. Resolução de conflitos entre colegas: Mediar discussões e chegar a acordos por meio do diálogo.

11. Seleção de representantes de turma: Permitir que os alunos votem em seus representantes.

12. Distribuição de tarefas de limpeza e organização da sala: Criar uma escala de tarefas compartilhadas.

13. Escolha de temas para debates em sala de aula: Incentivar os alunos a sugerirem tópicos relevantes para discussão.

14. Organização de campanhas solidárias: Envolver os alunos na escolha das causas e na organização das ações de campanhas.

15. Definição de regras para o uso dos espaços comuns: Discutir e estabelecer normas conjuntamente.

16. Planejamento de visitas de estudo: Considerar as sugestões e preferências dos alunos.

17. Escolha de atividades para a semana do meio ambiente: Permitir que os alunos proponham ações a serem realizadas e votem conforme sua preferência.

18. Resolução de problemas relacionados à segurança na escola: Envolver os alunos na discussão e na proposição de soluções.

19. Organização de eventos esportivos e culturais: Incentivar a participação dos alunos no planejamento desses eventos.

20. Avaliação do desempenho da escola: Solicitar *feedback* regular dos alunos sobre melhorias necessárias.

Prós e contras com notas

Material: papel e caneta.
Tempo: 20-30 minutos.

Passo a passo

Esta é uma atividade bastante simples e rápida, porém muito poderosa para nos ajudar na tomada de decisões.

No topo de uma folha, que pode ser a do próprio caderno, os alunos devem escrever sobre qual dilema, dúvida ou questão querem decidir, fazendo uma linha vertical para dividir a folha em duas colunas. De um lado devem escrever "Prós" e do outro "Contras". Em seguida, peça que eles listem todos os pontos favoráveis e os desfavoráveis da decisão que precisam tomar.

Suponha que a decisão seja morar com a avó ou continuar na casa dos pais. Então, o aluno está avaliando se ir para a casa da avó é a melhor decisão, e para isso ele pode considerar os pontos a seguir:

Prós	Contras
• a avó não reclama toda hora • ela deixa fazer o que quiser • a comida dela é a melhor	• é longe da escola (acordar mais cedo) • a mãe pode ficar magoada • vai ficar longe dos amigos

A lista pode ter mais itens do que esse modelo, e, ainda, um lado pode ter mais coisas escritas do que o outro.

Ao terminar a lista de pontos positivos e negativos, o aluno vai dar um ponto de 1 a 10 para cada item, considerando 1 como "menos relevante" e 10 como "mais relevante", e vai somar os dois lados. O ideal é que o lado com a maior pontuação seja o indicador de qual decisão deverá ser tomada.

Vejamos:

Vamos supor que, na primeira coluna, o ponto "a avó não reclama toda hora" tem nota 8; que "ela deixa fazer o que quiser" também é importante e recebe a mesma nota 8; e que o fato de "a comida dela é a melhor" ganhou um 6. Já do lado dos pontos negativos, o ponto de "é longe da escola (acordar mais cedo)" teria peso 10, porque ele não gosta de acordar cedo. O ponto "a mãe pode ficar magoada" pode ter nota 6, porque ele pensa na possibilidade de conversar com a mãe para minimizar esse sentimento. Por fim, "vai ficar longe dos amigos" recebe nota 9.

Prós	Contras
• a avó não reclama toda hora (8) • ela deixa fazer o que quiser (8) • a comida dela é a melhor (6)	• é longe da escola (acordar mais cedo) (10) • a mãe pode ficar magoada (6) • vai ficar longe dos amigos (9)

Ao somar a pontuação em cada lado, os prós têm um total de 23 pontos, e os contras têm 25. Dessa maneira, o aluno pode ponderar e decidir ficar na casa dos pais porque será mais benéfico se assim o fizer.

Claro que esta técnica funciona para a tomada de decisões que sejam menos complexas e que exijam apenas um caráter subjetivo do que é importante para a pessoa que está decidindo. Serve para ajudar a organizar no papel os pontos que a pessoa pode estar analisando na mente, mas sem a visualização ou concretização que o exercício proporciona.

Questão de prioridade

Material: folhas de papel ou cartolina, canetas coloridas, lista de tarefas ou valores pessoais (veja exemplo a seguir), fita adesiva ou quadro para compartilhar as prioridades.
Tempo: 50 minutos.

Passo a passo

Nesta dinâmica, os alunos classificam uma lista de tarefas ou valores pessoais em ordem de importância, o que os ajudará a tomar decisões com base em suas prioridades.

Explique aos alunos a importância de estabelecer prioridades na vida. Discuta como isso pode ajudá-los a focar o que é mais importante, tomar decisões mais conscientes e gerenciar melhor o tempo e os recursos.

Distribua uma lista de tarefas ou valores pessoais para cada aluno. Aqui está um exemplo de lista que você pode usar:

- Estudar para provas
- Passar tempo com a família
- Praticar esportes ou atividades físicas
- Ajudar em casa com as tarefas domésticas
- Ler livros ou aumentar o conhecimento
- Passar tempo com amigos
- Cuidar da saúde mental e emocional
- Participar de atividades extracurriculares
- Trabalhar em projetos pessoais
- Contribuir para a comunidade ou fazer voluntariado
- Gerenciar o uso de tecnologia e redes sociais

Peça aos alunos para classificarem as tarefas ou os valores pessoais listados em ordem de importância pessoal, do mais importante para o menos importante. Eles podem fazer isso individualmente.

Divida os alunos em pequenos grupos para discutirem suas escolhas e os motivos por trás delas. Encoraje-os a compartilhar suas perspectivas sobre o que consideram mais valioso em suas vidas e por que certas coisas são mais prioritárias do que outras.

Cada grupo pode escolher um representante para compartilhar as prioridades do grupo com toda a classe. Use um quadro ou uma folha de papel grande para registrar as prioridades principais de cada grupo.

Conduza uma discussão final sobre o processo de estabelecer prioridades. Peça aos alunos para refletirem sobre como podem aplicar o conceito de priorização em suas vidas diárias para tomar decisões mais responsáveis e eficazes.

Além disso

Se você preferir que eles definam prioridades com uma lista de valores, pode substituir a lista descrita anteriormente pela lista a seguir, ou mesmo criar sua própria lista. A numeração serve para ilustrar, mas as palavras podem aparecer sem a numeração, e são os alunos que vão definir a prioridade de cada valor.

1. Honestidade
2. Respeito
3. Empatia
4. Responsabilidade
5. Integridade
6. Generosidade
7. Amizade
8. Saúde física
9. Saúde mental
10. Autocuidado
11. Educação
12. Crescimento pessoal
13. Resiliência
14. Equilíbrio entre vida pessoal e escolar
15. Criatividade
16. Inclusão
17. Sustentabilidade
18. Consciência ambiental
19. Igualdade
20. Justiça social

Esses valores podem ajudar os alunos a refletir sobre o que é mais importante para eles em suas vidas pessoais e sociais.

Uma variação é que eles podem escolher classificar esses valores juntamente com as tarefas cotidianas, conforme sugerido na atividade anterior, para melhor compreender suas prioridades e tomar decisões mais conscientes.

Jogo da história interativa

Material: a versão impressa da história que está ao fim desta dinâmica.

Tempo: 15 minutos.

Passo a passo

Os alunos participam de uma história interativa em que devem tomar decisões em diferentes pontos da narrativa. Essas escolhas vão impactar o resultado final da história, e os estudantes devem refletir sobre as consequências delas.

Você pode criar suas próprias histórias com ajuda do ChatGPT, e elas podem envolver temas variados, como cuidado com a saúde, escolha profissional, dedicação aos estudos, controle das emoções explosivas etc.

No fim, pode-se debater as consequências de nossas escolhas, a possibilidade ou não de voltar e fazer escolhas diferentes, e o impacto das nossas decisões atuais para o nosso futuro.

Além disso

Veja um exemplo de história interativa que você pode levar para sua turma ou adaptar, ou na qual pode se inspirar para criar a sua própria história:

Título: A aventura na ilha misteriosa

Introdução

Você, junto com seus amigos da escola, decidiram participar de uma expedição a uma ilha misteriosa que recentemente apareceu no radar dos exploradores. A ilha é conhecida por lendas de tesouros perdidos e criaturas estranhas, mas também há rumores de perigos desconhecidos. A professora de Geografia, Sra. Lima, concordou em acompanhar o grupo como supervisora.

Parte 1

Chegada à ilha

Ao desembarcarem na ilha, vocês se deparam com uma paisagem exuberante e selvagem. A Professora Lima sugere que vocês dividam tarefas para explorar o local.

1. **Explorar a floresta:** Vai com um grupo investigar os segredos da densa floresta.

2. **Explorar a praia:** Fica na praia para procurar por conchas e objetos interessantes.

3. **Montar o acampamento:** Ajuda a montar o acampamento-base, de modo a ter um lugar seguro para retornar.

Decisão: Em qual tarefa você escolhe ajudar no primeiro dia? (Diga o número correspondente: 1, 2 ou 3)

- Se escolher **1**, vá para a Parte 2.
- Se escolher **2**, vá para a Parte 3.
- Se escolher **3**, vá para a Parte 4.

Parte 2

Explorar a floresta

Enquanto exploram a floresta, vocês descobrem ruínas antigas escondidas entre as árvores. De repente, vocês ouvem um rugido distante vindo de dentro das ruínas.

Decisão: O que você faz em seguida?

1. **Investigar as ruínas:** Entra nas ruínas para descobrir a fonte do rugido.

2. **Retornar ao acampamento:** Volta ao acampamento e conta para os outros sobre as ruínas.

Parte 3

Explorar a praia

Enquanto procuram na praia, vocês encontram uma caverna escondida nas rochas. O interior parece escuro e misterioso.

Decisão: O que você faz em seguida?

1. **Explorar a caverna:** Entra na caverna para ver o que há dentro dela.

2. **Chamar os amigos:** Chama seus amigos para decidirem juntos o que fazer.

Parte 4

Montar o acampamento

Enquanto montam o acampamento, vocês descobrem que esqueceram os suprimentos de emergência no barco. O sol está se pondo rapidamente.

Decisão: O que você faz em seguida?

1. **Ir buscar os suprimentos sozinho(a):** Corre de volta ao barco antes que escureça completamente.

2. **Chamar um amigo para ir com você:** Pede para um amigo acompanhá-lo ao barco.

Consequências das escolhas

Dependendo das suas escolhas, vocês podem encontrar tesouros antigos, desvendar segredos da ilha ou até mesmo enfrentar perigos inesperados. A história se desenvolve com base nas decisões que você toma, então escolha com cuidado!

Desfecho

No fim da expedição, vocês retornam à escola com histórias emocionantes para contar. A experiência na ilha misteriosa não só fortaleceu a amizade entre vocês, mas também ensinou a importância de tomar decisões ponderadas e pensar nas consequências antes de agir.

Dilemas éticos em quadrinhos

Material: folhas de papel ou cartolina, lápis, canetas e/ou marcadores coloridos.

Tempo: uma ou duas aulas de 50 minutos.

Passo a passo

O objetivo desta dinâmica é desenvolver a capacidade de tomar decisões responsáveis, considerando diferentes perspectivas e consequências. Explique aos alunos que eles irão criar quadrinhos sobre dilemas éticos comuns no contexto escolar ou social. Enfatize a importância de considerar diferentes pontos de vista e as consequências de suas decisões.

Comece fazendo uma tempestade de ideias (*brainstorming*) de dilemas éticos. Peça aos alunos que sugiram alguns dilemas éticos que eles já tenham enfrentado ou observado na escola ou na comunidade. Anote as sugestões no quadro e discuta brevemente cada uma delas.

Em seguida, divida os alunos em pequenos grupos de três a quatro pessoas. Cada grupo deve escolher um dos dilemas éticos sugeridos e criar uma história em quadrinhos (quatro a seis quadros) sobre o tema.

Oriente os alunos a considerarem diferentes perspectivas e consequências possíveis em sua narrativa. Estimule-os a utilizar imagens, diálogos e expressões faciais para representar o dilema e a tomada de decisão.

Com os quadrinhos prontos, cada grupo apresenta seu quadrinho para a turma. Após cada apresentação, abra espaço para os demais alunos compartilharem seus questionamentos, impressões e sugestões. Incentive a turma a discutir as diferentes abordagens, as consequências das decisões tomadas e como elas poderiam ter sido diferentes.

Essa atividade de criação de quadrinhos sobre dilemas éticos visa envolver os alunos de forma divertida e interativa, estimulando-os a desenvolver habilidades de tomada de decisão responsável. Ao analisar diferentes perspectivas e consequências, eles poderão aprimorar sua capacidade de reflexão crítica e de resolução de problemas éticos.

Além disso
Aqui seguem alguns exemplos de dilemas éticos que poderiam ser abordados no contexto escolar:

1 Cópia de trabalhos e provas
Um aluno descobre que seu amigo copiou parte de um trabalho de outro colega. Ele deve contar para o professor ou manter segredo?

2 *Bullying* e exclusão
Um grupo de alunos está excluindo e ridicularizando um colega. Outros estudantes presenciam a situação. Eles devem intervir ou se manter afastados?

3 — Uso indevido de tecnologia

Um aluno flagra um colega usando o celular para tirar fotos íntimas de outra pessoa sem autorização. Ele deve denunciar o caso à direção da escola?

4 — Conflitos entre amigos

Dois colegas de classe, que são melhores amigos, entram em um desentendimento grave. Outros alunos da turma devem se envolver para mediar o conflito?

5 — Acesso a informações sigilosas

Um aluno descobre acidentalmente a senha do computador da secretaria e percebe que pode acessar as notas e informações confidenciais dos colegas. Ele deve aproveitar essa oportunidade?

6 — Consumo de álcool e drogas

Um grupo de alunos está usando drogas ilícitas durante um evento da escola. Um colega observa a situação. Ele deve alertar os professores ou manter-se calado?

7 — Compra e venda de respostas de provas

Um aluno é abordado por um colega que vende as respostas de uma prova importante. Ele deve aceitar a oferta ou recusar e denunciar o caso?

8 — Trapaça em competições esportivas

Durante uma competição esportiva da escola, um atleta percebe que seu time está utilizando estratégias ilegais para obter vantagem. Ele deve comunicar a situação aos organizadores?

Use esses exemplos para ilustrar alguns dos dilemas que os alunos podem enfrentar. Contudo, o ideal é que eles mesmos tragam os desafios éticos ligados a seu contexto real.

4
Habilidades de relacionamento

Escuta ativa

Material: nenhum.
Tempo: 20-30 minutos.

Passo a passo

Os alunos praticam a escuta atenta enquanto relatam um evento significativo de suas vidas. Isso pode ser feito em pequenos grupos ou com toda a turma, dependendo da maturidade dos alunos para ouvirem em silêncio, e há até mesmo a possibilidade de fazer um círculo com todas as pessoas, para que elas possam se ver e ouvir com mais facilidade.

Comece explicando que a escuta ativa é uma habilidade essencial quando alguém nos relata um problema ou uma situação traumática ou conta-nos alguma novidade importante para ele. Algumas características importantes da escuta ativa incluem:

1. Presença atenta: Focar completamente a pessoa que está falando, evitando distrações e demonstrando interesse genuíno no que está sendo dito. É importante que a gente deixe o celular de lado – geralmente nos enganamos achando que conseguimos ouvir bem a outra pessoa e ainda responder a uma mensagem em qualquer rede social ao mesmo tempo. Lembre aos alunos: o cérebro não é multitarefa assim.

2. **Paráfrase e reflexão:** Repetir ou reformular as principais ideias e emoções expressas pela pessoa, demonstrando que você está realmente ouvindo e compreendendo.

3. **Empatia e validação:** Demonstrar empatia pelas emoções e experiências da pessoa, validando seus sentimentos sem julgamentos.

4. **Questionamento aberto:** Fazer perguntas abertas que incentivem a pessoa a se abrir mais, sem interromper o fluxo da narração.

5. **Linguagem corporal acolhedora:** Adotar uma postura relaxada e receptiva, mantendo contato visual e usando expressões faciais que transmitam segurança e conforto.

6. **Paciência e silêncio:** Dar o tempo necessário para a pessoa se expressar, evitando interromper e permitindo momentos de silêncio.

7. **Sem soluções:** Evitar dar conselhos ou soluções imediatas, a menos que a pessoa peça. O foco deve ser acolher e validar o relato.

Até mesmo para nós, adultos, pode ser um desafio praticar a escuta ativa. Possivelmente, você precisará ter vários momentos com seus alunos para que eles possam treinar a habilidade de escutar de maneira ativa. Na realidade, a escuta ativa envolve várias outras habilidades:

- focar inteiramente o outro, deixando de lado preocupações próprias;
- desenvolver a capacidade de parafrasear e refletir as emoções expressas;
- cultivar a empatia e a compaixão para entender a perspectiva da outra pessoa;

- praticar a paciência e o silêncio, sem interromper ou dar conselhos;
- estar consciente da própria linguagem corporal e transmitir segurança e acolhimento.

Essa abordagem de escuta ativa pode fazer uma grande diferença no apoio a alguém que está passando por um momento difícil ou traumático e serve também para quando alguém está contando suas realizações e vitórias, porque contemos o ímpeto de falar de nós mesmos e apenas ouvimos o outro com empatia.

Além disso

Para ajudar seus alunos a entenderem o conceito de empatia e validação dos sentimentos em suas interações, seguem alguns exemplos de como demonstrar empatia e validar os sentimentos de alguém, especialmente em um relato traumático:

Exemplo 1:

Pessoa: "Eu me sinto tão sozinha e impotente depois do acidente. É tudo muito difícil de lidar."

Resposta empática: "Entendo que você deve estar se sentindo muito sozinha e impotente neste momento. Essas emoções são absolutamente compreensíveis diante de uma situação tão traumática."

Exemplo 2:

Pessoa: "Eu ainda tenho muito medo de sair de casa desde aquele assalto. Eu fico o tempo todo ansioso e com o coração acelerado."

Resposta empática: "Suas preocupações e seu medo são completamente válidos depois de ter passado por uma experiência tão assustadora como um assalto. É normal se sentir assim e levar um tempo para se recuperar emocionalmente."

Exemplo 3:

Pessoa: "Eu me culpo tanto pelo que aconteceu. Será que eu poderia ter evitado tudo isso?"

Resposta empática: "Entendo a culpa que você está sentindo, mas quero que saiba que não foi sua culpa. Essas coisas simplesmente acontecem, e não há nada que você possa ter feito para evitar. Seus sentimentos são completamente compreensíveis."

A chave é demonstrar que você entende e valida profundamente as emoções e a experiência da pessoa, transmitindo compaixão e sem fazer julgamentos. Isso ajuda a criar um ambiente seguro para que a pessoa se sinta acolhida e confortável para continuar se expressando.

Espero que vocês tenham muitos momentos de escuta ativa, fortalecendo relacionamentos positivos.

Quebra-gelo

Material: nenhum.
Tempo: 20-30 minutos.

Passo a passo

Nesta dinâmica, que pode ser utilizada no primeiro dia de aula ou a qualquer momento durante o ano, os alunos participam de atividades divertidas e interativas para conhecer melhor uns aos outros.

A seguir, indico 10 atividades para você utilizar em suas turmas. O objetivo é criar uma atmosfera em que os alunos se sintam seguros para interagir com os colegas, compartilhar um pouco mais sobre eles mesmos e conhecerem os interesses, talentos e características uns dos outros, fortalecendo os laços de amizade.

Ao fim da dinâmica, você pode abrir discussão na turma sobre o que aprenderam a respeito de outras pessoas. Pode ter sido um fato engraçado, uma curiosidade, uma informação nova sobre alguém. Deixe que eles se expressem livremente de forma positiva.

Além disso

Todos nós, professores, temos uma caixinha de ferramentas com várias dinâmicas para o primeiro dia de aula, não é verdade? É um excelente momento para quebrarmos o gelo e favorecermos que os alunos estabeleçam conexões uns com os outros e conosco.

Assim, certamente você deve conhecer várias atividades que tenham esse fim. Aqui, compartilho 10 sugestões que são fáceis e bem conhecidas, e convido você a compartilhar as suas comigo. É só me mandar mensagem no Instagram @professorasolimarsilva. Pode me marcar nas suas atividades também, se quiser.

1 Perguntas inusitadas:

Peça para cada pessoa responder a perguntas como "Se você pudesse ser um animal, qual seria?" ou "Qual é o seu superpoder imaginário?" Isso ajuda a revelar traços divertidos e inesperados das pessoas.

2 Caça ao tesouro:

Crie uma lista de fatos inusitados sobre os participantes (p. ex.: "Já pulou de paraquedas") e peça para eles acharem as pessoas que se encaixam em cada item da lista.

3 Duas verdades e uma mentira:

Cada pessoa compartilha três fatos sobre si, sendo dois verdadeiros e um falso. Os outros tentam adivinhar qual é a mentira.

4 Desenhos divertidos:

Divida as pessoas em pares e peça para elas desenharem algo juntas, passando o desenho de um para o outro. O resultado costuma ser muito engraçado!

5 Bingo de fatos:

Crie um cartão de bingo com quadrados contendo fatos sobre os participantes (p. ex.: "Já viajou para fora do país", "Fala mais de dois idiomas"). Os alunos têm que circular pela sala e perguntar uns aos outros para preencher o cartão.

6 Histórias em cadeia:

Cada pessoa adiciona uma frase a uma história que está sendo construída em grupo, criando narrativas imprevisíveis e divertidas.

7 Construindo um objeto:

Divida as pessoas em equipes e dê a elas materiais simples (p. ex.: palitos, fita adesiva, bolas de papel). Peça que elas criem um objeto em equipe.

8 Pesca de informações:

Cada pessoa escreve uma informação sobre si em um pedaço de papel. Depois, as pessoas pescam os papéis e tentam adivinhar a quem pertence cada informação.

9 Exercício de apresentação:

Peça para cada pessoa se apresentar de uma maneira criativa, como cantando, rimando ou fazendo uma mímica.

10 Jogo da caixa de talentos:

Cada pessoa tira um papel de uma caixa que pede para eles demonstrarem um talento ou habilidade inesperada.

Divirtam-se!

Storytelling colaborativo

Material: nenhum.

Tempo: 20-30 minutos.

Passo a passo

Forme círculos com quatro a seis participantes. Explique que eles irão construir uma história coletivamente, cada um adicionando uma frase.

O primeiro participante começa a história com uma frase, por exemplo: "Era uma vez um jovem que decidiu fazer uma longa viagem". O próximo participante continua a história com uma nova frase, e assim por diante, até que a história esteja completa.

Após a construção da história, os participantes podem compartilhar suas impressões sobre o processo e a história final.

Além disso

Se sua turma não for enorme como a minha, você pode fazer a atividade com toda a turma, criando uma só história.

Uma sugestão para que depois consigam recuperar o que foi dito, seja nos pequenos grupos, seja com a turma toda, é ativar o gravador do celular e registrar as contribuições. Depois, a turma pode ouvir a gravação, digitar a história e editá-la, fazendo modificações no enredo e trabalhando colaborativamente para chegarem a um resultado que julguem satisfatório.

Mural de relacionamentos saudáveis

Material: folhas de papel, revistas, tesouras, cola e outros materiais de colagem.

Tempo: 20-30 minutos.

Passo a passo

Diga aos alunos que eles formarão grupos de quatro a seis pessoas e irão criar um painel visual que represente características e aspectos de relacionamentos saudáveis. Para isso, eles podem usar imagens, palavras, frases, desenhos etc.

Após a criação, cada grupo apresenta seu mural e explica os elementos escolhidos. Eles podem discutir sobre os diferentes aspectos que compõem relacionamentos positivos.

Além disso

Você pode propor que as apresentações sejam feitas como em uma *walk gallery*, em que os cartazes ficam expostos nas paredes e todos os alunos passam olhando e fazendo anotações.

Pode deixar um ou dois componentes de cada grupo próximos a seus cartazes para que deem explicações e, depois, inverter: os alunos que estavam explicando saem para poder ver os demais trabalhos, e os outros voltam para fazer as explicações dos seus trabalhos.

Como essa pode ser uma temática sensível para alguns alunos, esteja alerta para alguns sinais e a necessidade de ter uma escuta ativa com seus alunos. Pode ser que em alguns lares os relacionamentos sejam pautados por uma comunicação violenta, abusos etc.

Construção de redes de apoio

Material: folha em branco e lápis e canetas.
Tempo: 20-30 minutos.

Passo a passo

Comece sensibilizando os alunos, dizendo que todos nós precisamos construir redes de apoio em nossas vidas e que ninguém é totalmente independente. Temos uma relação de interdependência uns com os outros.

Eles devem criar um diagrama visual com diferentes "camadas" de pessoas que fazem parte de sua rede de apoio pessoal. As camadas podem incluir família, amigos, professores, mentores, comunidade etc. Após a construção do diagrama, os participantes compartilham suas redes de apoio com a turma.

Quando todos tiverem feito seus diagramas visuais e compartilhado suas redes de apoio com a turma, discutam a importância de identificar e cultivar relacionamentos significativos.

Além disso

Como o conceito de "redes de apoio" pode não ser claro para alguns dos alunos, você pode ajudá-los dizendo que redes de apoio são sistemas informais de pessoas, grupos e instituições que fornecem suporte e assistência a indivíduos ou famílias que estão passando por dificuldades ou situações de vulnerabilidade.

Diga que as redes de apoio servem a diversos propósitos importantes, como os exemplos listados a seguir:

1. Apoio emocional

- Fornecem escuta ativa, empatia e companheirismo para pessoas que precisam de conforto e compreensão.
- Ajudam a reduzir sentimentos de solidão, isolamento e angústia.

2. Ajuda prática

- Oferecem assistência concreta, como ajuda com tarefas domésticas, cuidados com crianças, transporte etc.
- Aliviam a sobrecarga e reduzem o estresse em momentos de necessidade.

3. Orientação e informação

- Compartilham conhecimento, conselhos e direcionamentos sobre serviços, recursos e melhores práticas.
- Ajudam a navegar por sistemas complexos e a acessar o apoio de que a pessoa necessita.

4. Empoderamento e fortalecimento

- Promovem o desenvolvimento de habilidades e a autonomia das pessoas.
- Incentivam o protagonismo e a capacidade de enfrentar desafios de forma independente.

5. Senso de comunidade

- Fomentam um sentimento de pertencimento e conexão social.
- Diminuem a vulnerabilidade e promovem a resiliência.

Ao dar exemplos dessas redes, talvez fique mais fácil para os alunos identificar suas diversas camadas de redes de apoio. Exemplos comuns de redes de apoio incluem famílias, amigos, grupos de autoajuda, comunidades religiosas, organizações voluntárias e serviços sociais. Elas são essenciais para o bem-estar geral e a capacidade de enfrentar adversidades de forma saudável.

E você, como está sua rede de apoio?

Características compartilhadas

Material: folha de caderno e caneta.

Tempo: 20-30 minutos.

Passo a passo

Divida os participantes em duplas ou pequenos grupos. Cada dupla/grupo deve descobrir e listar o maior número possível de características ou interesses que têm em comum. Depois de um tempo determinado, cada grupo compartilha suas listas com os demais.

Durante a discussão, os participantes têm a oportunidade de conhecer melhor uns aos outros, identificar semelhanças e encontrar pontos de conexão. Peça que eles foquem o que encontraram em comum, seja com o par, seja com o grupo.

Além disso

Certa vez me disseram que toda amizade começa com "Eu também!" Realmente, estabelecer relacionamentos começa com encontrarmos pontos em comum uns com os outros. Pode ser um *hobby*, um talento, uma maneira de ver o mundo.

Claro que isso não significa que seremos idênticos em tudo, nem que devamos estar somente dentro de nossas bolhas. Podemos participar de diferentes grupos, porque com cada um teremos um ponto em comum, pelo menos.

Essa dinâmica também nos ajuda a ver que, apesar de sermos tão diferentes em alguns casos, sempre há muitas coisas que teremos em comum. Isso ajuda a reduzir antipatias e discórdias, focando o que temos em comum e fortalecendo relacionamentos positivos.

Escuta empática

Material: nenhum.
Tempo: 20-30 minutos.

Passo a passo

Divida os participantes em pares, em que um será o "falante" e o outro será o "ouvinte". O falante tem alguns minutos para compartilhar um problema, uma preocupação ou uma experiência pessoal, enquanto o ouvinte deve praticar a escuta empática, prestando atenção ativamente, fazendo perguntas claras e demonstrando compreensão e empatia. Depois de um tempo determinado, os papéis são invertidos.

Esta dinâmica promove a habilidade de ouvir com empatia e construir relacionamentos mais significativos.

Além disso

Esta atividade é uma variação da primeira atividade desta seção – a escuta ativa. Você pode usar as orientações daquela atividade para guiar e orientar seus alunos durante esta dinâmica.

Como nesta dinâmica propomos uma troca de papéis entre quem fala e quem ouve, ao fim dela você pode pedir que eles discutam como se sentiram enquanto falavam – se estavam sendo ouvidos. Também pode perguntar a quem estava ouvindo quais foram os principais desafios de estar totalmente no momento presente, ouvindo a outra pessoa de forma empática.

Qualidades únicas

Material: nenhum.
Tempo: 20-30 minutos.

Passo a passo

Peça aos participantes que formem um círculo. Começando por uma pessoa, cada participante deve elogiar uma qualidade única ou uma habilidade especial de outro participante. O elogio continua no círculo até que todos tenham recebido um elogio.

Durante o jogo, os participantes têm a oportunidade de valorizar e reconhecer as qualidades uns dos outros, promovendo um ambiente de apoio e apreciação.

Além disso

É importante dar tempo antes de começarem a falar, para que os alunos anotem em seus cadernos qualidades únicas sobre seus colegas.

Convém dizer que não se preocupem se não souberem uma qualidade de algum colega. Talvez isso só signifique que não se conheçam bem, não que a outra pessoa não tenha uma característica única.

Eu me importo

Material: tiras de papel ou pequenos cartões, canetas.
Tempo: 20-30 minutos.

Passo a passo

A dinâmica consiste em distribuir pedaços de papel ou cartões para todos os participantes. Cada pessoa escreve o nome de outro participante no papel e fala uma razão pela qual se importa com essa pessoa.

Os papéis são coletados e redistribuídos aleatoriamente para que cada participante receba um papel com o nome de outra pessoa. Os participantes têm alguns minutos para compartilhar os motivos pelos quais se importam com a pessoa cujo nome está no papel que receberam.

Essa atividade fortalece os vínculos emocionais entre os participantes e promove a valorização e o apoio mútuo.

Além disso

Para garantir que todos os participantes recebam cartões escritos, você pode:

a) escrever previamente o nome de cada aluno nos cartões antes de distribuir. Assim, o aluno que pegar aquele cartão deverá escrever sobre aquela pessoa determinada;

b) fazer um círculo e orientar que os alunos escrevam para a pessoa que está à direita (ou à esquerda) deles.

Na discussão, você também pode estimular os alunos a relatarem se ficaram surpresos com a mensagem recebida ou por quem escreveu a mensagem e dizer o motivo. Muitas vezes, os alunos acham que o colega não gosta deles, mas eles apenas não tiveram tanta oportunidade de conversar e fazer amizade.

Esta é uma ótima oportunidade de fortalecer vínculos e também a autoestima dos participantes. Afinal, é muito bom quando alguém se importa conosco, não é?

Jogo de resolução de conflitos

Material: folhas ou cartões com cenários de conflitos escritos.
Tempo: 20-30 minutos.

Passo a passo

Divida a turma em duplas ou trios. Apresente a eles cenários de conflitos, como "Dois amigos discordam sobre a qual filme assistir juntos", e os grupos devem discutir e desenvolver uma estratégia de resolução construtiva do conflito apresentado.

Eles podem propor formas de negociar, chegar a um compromisso ou mediar a situação. Cada grupo apresenta sua estratégia de resolução para o grande grupo.

Além disso

Ao fim, pode-se pedir que a turma vote em que estratégia de resolução de conflitos foi a melhor em cada cenário apresentado e que digam o motivo da escolha.

Para facilitar o trabalho, porque sei que a gente não tem tempo nem de respirar às vezes, gerei 10 cenários de resolução de conflitos com pelo menos cinco possibilidades de resolução para cada um. Tudo prontinho, é só levar para a sala de aula.

Cenário

Dois amigos discutem porque um pegou emprestado o celular do outro sem permissão.

Possibilidades de resolução:

- Conversar calmamente para entender o que aconteceu e chegar a um acordo.
- Um dos amigos se desculpar e prometer não repetir o comportamento.
- Estabelecer regras claras sobre o compartilhamento de pertences no futuro.
- Mediar a conversa com a ajuda de uma terceira pessoa de confiança.
- Um dos amigos ceder e deixar o outro usar o celular como forma de compensação.

Cenário

Dois alunos brigam no recreio porque um deles supostamente roubou o lanche do outro.

Possibilidades de resolução:

- Separar os alunos e ouvi-los individualmente para entender o que aconteceu.
- Solicitar a intervenção de um professor ou funcionário da escola para mediar a situação.
- Pedir que ambos se desculpem e estabeleçam um acordo sobre o uso do lanche.
- Encaminhar os alunos para a orientação educacional a fim de uma mediação mais aprofundada.
- Promover uma atividade em grupo que reforce a importância do respeito e da confiança.

Cenário

Dois irmãos brigam porque um deles acabou com o brinquedo favorito do outro.

Possibilidades de resolução

- Os pais conversarem com os filhos sobre o acontecido e ajudá-los a chegar a um acordo.
- Um dos irmãos se desculpar e oferecer dividir ou revezar o uso do brinquedo.
- Os pais comprarem um brinquedo novo para o irmão que teve o seu estragado.
- Os pais promoverem uma atividade conjunta para os irmãos aprenderem a compartilhar.
- Um dos irmãos ceder e deixar o outro usar o brinquedo, com a promessa de que ele o usará depois.

Cenário

Dois colegas de trabalho entram em conflito porque um deles acha que o outro está recebendo mais atenção do gerente.

Possibilidades de resolução

- Conversar com o gerente para entender melhor a situação e obter esclarecimentos.
- Os colegas se reunirem para conversar abertamente sobre suas percepções e seus sentimentos.
- Buscar a mediação de um colega de confiança ou do departamento de recursos humanos.
- Estabelecer critérios mais claros e transparentes de reconhecimento e valorização no trabalho.
- Um dos colegas aceitar que as diferenças de tratamento não são intencionais e trabalhar para melhorar sua própria produtividade.

Cenário

Dois vizinhos entram em conflito porque um deles reclama do barulho que o outro faz durante a noite.

Possibilidades de resolução

- Os vizinhos se reunirem para conversar e chegarem a um acordo sobre limites de ruído aceitáveis.
- Solicitar a mediação de um síndico ou representante da comunidade para facilitar a negociação.
- Um dos vizinhos se comprometer a ser mais cuidadoso com o volume e os horários de atividades ruidosas.
- Estabelecer regras claras sobre o uso do espaço e o respeito mútuo entre os vizinhos.
- Caso não haja acordo, procurar autoridades competentes, como a polícia, para intervir na situação.

Cenário

Dois colegas de equipe entram em conflito porque um deles acha que o outro não está fazendo a sua parte no trabalho em grupo.

Possibilidades de resolução

- Reunir a equipe para discutir as responsabilidades e expectativas de cada membro.
- Solicitar a mediação de um líder ou supervisor da equipe para encontrar uma solução.
- Reorganizar as tarefas e estabelecer um plano de ação conjunto para a conclusão do projeto.
- Um dos colegas se oferecer para assumir responsabilidades extras temporariamente.
- Avaliar individualmente a contribuição de cada membro e rever a distribuição de tarefas.

Cenário

Dois alunos se desentendem porque um deles acusa o outro de ter copiado seu trabalho escolar.

Possibilidades de resolução

- Conversar com o professor para entender melhor o que aconteceu e pedir sua mediação.
- Solicitar que os alunos apresentem suas versões dos fatos e tentem chegar a um entendimento.
- Promover uma atividade de colaboração entre os alunos para fortalecer a confiança mútua.
- Estabelecer políticas claras sobre plágio e consequências em caso de infrações.
- Encaminhar os alunos para a orientação educacional a fim de uma mediação mais aprofundada.

Cenário

Dois amigos entram em conflito porque um deles revelou um segredo do outro sem permissão.

Possibilidades de resolução

- Os amigos conversarem abertamente sobre o ocorrido e como se sentiram.
- Um dos amigos se desculpar e prometer não revelar mais informações confidenciais.
- Estabelecer limites e regras sobre o compartilhamento de informações pessoais.
- Mediar o conflito com a ajuda de um terceiro amigo de confiança.
- Um dos amigos aceitar as desculpas e trabalhar para reconstruir a confiança na relação.

Cenário

Dois membros de uma associação comunitária entram em conflito por divergências sobre a organização de um evento.

Possibilidades de resolução:

- Reunir todos os membros da associação para discutir e chegar a um consenso.

- Solicitar a mediação de um membro mais experiente ou de um líder comunitário.

- Estabelecer um processo de tomada de decisão mais claro e inclusivo para eventos futuros.

- Um dos membros ceder e aceitar a proposta do outro, em prol do bem da comunidade.

- Promover uma atividade conjunta que reforce os valores e objetivos compartilhados da associação.

Cenário

Dois irmãos adolescentes entram em conflito porque um deles está proibido de sair com os amigos, e o outro, não.

Possibilidades de resolução:

- Os pais conversarem com os filhos sobre as razões por trás das regras diferentes.

- Estabelecer critérios mais claros e justos para a concessão de privilégios aos adolescentes.

- Promover uma discussão familiar em que todos possam expor seus pontos de vista.

- Considerar a possibilidade de rever as regras, desde que os filhos demonstrem responsabilidade.

- Encaminhar a situação para orientação familiar, se necessário, a fim de ajudar na mediação do conflito.

Espero que tenham momentos de crescimento conjunto ao buscarem alternativas assertivas, respeitosas, saudáveis e eficazes para resolução de conflitos.

Mural de *feedback* construtivo

Material: *post-its* ou cartões, canetas.
Tempo: 20-30 minutos.

Passo a passo

O objetivo desta dinâmica é fomentar a comunicação assertiva e a construção de relacionamentos saudáveis.

Primeiro, crie um mural ou painel na sala de aula. Distribua *post-its* ou cartões para os alunos. Peça, então, que cada aluno escreva um *feedback* positivo e construtivo para um colega. Os alunos colocam os cartões no mural, de forma anônima.

No fim, discuta com a turma a importância de dar e receber *feedbacks* de forma apropriada.

Além disso

Você pode propor esta atividade em algum momento de apresentação de trabalhos. Oriente os alunos a escreverem três pontos positivos do trabalho que estão avaliando e um ponto de melhoria. Reforce que o *feedback* precisa ser respeitoso e relevante. Ou seja, não basta o aluno escrever algo como "Bom", "Muito bom" ou "Gostei demais". Eles precisam ser específicos e pontuais.

Ao mesmo tempo, talvez eles fiquem com receio de falar de algum ponto de melhoria. Estabeleça um ambiente acolhedor para que todos possam expressar suas ideias e sugestões, a fim de que os grupos possam se beneficiar de *feedbacks* honestos e respeitosos.

Teias de conexão

Material: um rolo de barbante, linha ou lã.
Tempo: 20-30 minutos.

Passo a passo

Nesta atividade, que objetiva promover a integração da turma e o fortalecimento de vínculos, os alunos vão criar uma "teia" que vai conectar todos eles.

Primeiro, peça que os alunos formem um círculo. Entregue a um aluno um novelo de barbante ou linha. Esse aluno deve segurar a ponta do fio e lançar o novelo a outro colega, explicando uma característica ou qualidade positiva desse colega. O colega que recebeu o novelo repete o processo, lançando-o a outro, e assim sucessivamente.

No fim, terá sido criada uma "teia" que representa as conexões e os vínculos entre os alunos. A partir disso, promova uma reflexão sobre a importância de fortalecer os relacionamentos.

Além disso

Você pode propor uma discussão sobre de que forma estamos todos conectados uns aos outros.

Se você estiver aplicando esta dinâmica em um grupo que ainda não se conhece, pode mudar a dinâmica: em vez de quem está segurando o barbante falar uma característica da pessoa para quem vai jogar, o aluno pode dizer uma característica ou informação sobre si mesmo e aí passar o barbante para outra pessoa, aleatoriamente.

5
Consciência social

Painel de diversidade

Material: cartolinas, canetinhas, gravuras, cola.
Tempo: duas aulas de 50 minutos.

Passo a passo

Peça aos alunos que pesquisem sobre diferentes culturas, etnias, religiões etc. Então, eles criam um painel ou mural na sala de aula, apresentando informações, imagens e curiosidades sobre essa diversidade que encontraram.

Durante a apresentação dos painéis, discuta com a turma a riqueza e a importância de valorizar as diferenças. Incentive os alunos a refletirem sobre como eles podem demonstrar respeito e apreciação pela diversidade no dia a dia.

Além disso

Há vários tipos de diversidade – daí podemos falar de *diversidades*. A lista a seguir não pretende ser exaustiva, mas apenas dar uma ideia dos tipos de diversidades entre as quais os alunos podem escolher para a temática de seus painéis.

1. **Diversidade étnica e racial:** Engloba diferentes grupos étnicos, raciais, culturais e nacionais. Exemplos: asiáticos, africanos, europeus, latinos, indígenas etc.

2. **Diversidade religiosa e espiritual:** Abrange as diferentes crenças, práticas e tradições religiosas e espirituais. Exemplos: cristianismo, islamismo, hinduísmo, budismo, judaísmo etc.

3. **Diversidade de gênero e identidade de gênero:** Inclui a variedade de identidades e expressões de gênero. Exemplos: masculino, feminino, não binário, transgênero etc.

4. **Diversidade sexual:** Refere-se à variedade de orientações sexuais. Exemplos: heterossexual, homossexual, lésbica, *gay*, bissexual, assexual etc.

5. **Diversidade etária:** Engloba diferentes faixas etárias, desde crianças até idosos.

6. **Diversidade socioeconômica:** Abrange a variedade de níveis socioeconômicos, renda, educação, profissão etc.

7. **Diversidade de habilidades e necessidades especiais:** Inclui a diversidade de capacidades físicas, mentais, emocionais e cognitivas.

8. **Diversidade geográfica e regional:** Refere-se às diferenças entre regiões, estados, cidades etc.

Ação comunitária

Material: cartolinas, canetinhas, gravuras, cola.
Tempo: duas aulas de 50 minutos.

Passo a passo

Esta atividade pode se transformar em um grande projeto em suas aulas, demandando mais tempo e atenção. Aqui, apresento apenas a parte de identificação de necessidades e criação de um projeto para atender a essa necessidade, mas não entro em detalhes sobre o tempo necessário para a execução do projeto na comunidade.

Divida a turma em grupos. Cada grupo deve identificar uma necessidade ou problema em sua comunidade (p. ex.: arrecadação de alimentos, limpeza de um parque, campanhas de conscientização). Os grupos planejam e executam um projeto para atender a essa necessidade, envolvendo a comunidade escolar e local.

Ao fim, os grupos apresentam seus projetos e refletem sobre a importância de agir de forma ética e responsável.

Além disso

Quando envolvemos alunos em projetos de ação comunitária, podemos envolver mais de uma turma e, claro, preferencialmente, vários outros colegas professores, para que possamos realizar o projeto a contento.

O importante com esta atividade é ajudarmos nossos alunos a ampliarem sua consciência social, não importa onde eles vivam. É crucial que eles tenham conhecimento das necessidades locais e do poder que sua mobilização tem para amenizar sofrimentos e suprir necessidades do meio onde vivem. Isso é um ato de cidadania.

Painel de especialistas

Material: espaço para receber convidados, talvez microfone, som, *laptop*, projetor.

Tempo: duas aulas de 50 minutos.

Passo a passo

Convide pessoas da comunidade (professores, líderes comunitários, profissionais de saúde etc.) para compor um painel de especialistas sobre um determinado assunto que você e a turma decidirem querer saber mais, sob diferentes pontos de vista.

Peça que os alunos preparem perguntas para serem feitas aos especialistas, buscando compreender melhor suas perspectivas, experiências e contribuições para a sociedade.

Durante o painel, os participantes devem escutar atentamente, tomar notas e, em seguida, compartilhar suas principais aprendizagens. Discuta como o contato com diferentes vozes e experiências pode ampliar a compreensão social e a conscientização sobre a diversidade.

Na aula seguinte ao painel de especialistas, promova discussão na turma para que os alunos sintetizem o que aprenderam com as várias pessoas convidadas. Eles podem fazer isso apenas oralmente ou você pode propor que eles criem algum material, como vídeos, cartazes, paródias etc., a fim de que possam registrar o que aprenderam com os especialistas convidados.

Além disso

Talvez organizar um painel de especialistas seja uma novidade para você ou para outros professores da sua escola. De modo a facilitar a realização desta atividade com seus alunos, apresento a seguir o passo a passo de como organizar e exemplos de algumas temáticas que podem ser pensadas para o seu painel.

Como organizar um painel de especialistas para desenvolver a habilidade de consciência social com seus alunos

Passos

1. Definir os objetivos: Estabeleça com clareza os objetivos do painel, como ampliar a compreensão sobre diversidade, desenvolver a empatia, promover o respeito pelas diferenças etc.

2. Identificar os tipos de especialistas: Alguns exemplos de especialistas que você pode convidar são:

- Líderes comunitários ou ativistas de movimentos sociais (racial, LGBTQIA+, pessoas com deficiência etc.).
- Profissionais de instituições que trabalham com inclusão e diversidade.
- Estudiosos e pesquisadores na área de relações étnico--raciais, gênero, acessibilidade etc.
- Representantes de organizações religiosas ou espirituais.
- Pessoas com experiências pessoais relevantes ao tema (imigrantes, refugiados etc.).

3. Convidar os especialistas: Entre em contato com os potenciais participantes, explique os objetivos do painel e convide-os a participar. Certifique-se de ter uma diversidade de vozes e perspectivas representadas no painel.

4. Preparar o painel: Defina um formato para o painel (discussão, perguntas e respostas etc.) e oriente os especialistas sobre o formato e os tópicos a serem abordados. Prepare questões norteadoras para facilitar o diálogo.

5. Realizar o painel: Inicie com uma breve contextualização do tema e dos objetivos. Depois apresente os especialistas e dê a eles a oportunidade de se apresentar. Então, conduza o painel de forma a promover a interação entre os participantes e os alunos.

6. Promover a reflexão e o aprendizado: Após o painel, reserve um tempo para que os alunos compartilhem seus *insights*, aprendizados e impressões. Incentive-os a refletir sobre como aplicar o que aprenderam em suas vidas e relações.

Alguns tipos de painéis que você pode organizar

- Painel sobre diversidade étnica e cultural
- Painel sobre diversidade de gênero e identidade de gênero
- Painel sobre acessibilidade e inclusão de pessoas com deficiência
- Painel sobre diálogo inter-religioso e espiritualidade

Esse é um modelo geral, mas você pode adaptá-lo de acordo com as necessidades e o contexto específico de seus alunos. E me conta tudo lá no Instagram @professorasolimarsilva, combinado?

Cartazes da diversidade

Material: cartolinas ou papel pardo, canetas, canetinhas, colas, gravuras.

Tempo: duas aulas de 50 minutos

Passo a passo

Divida os participantes em grupos. Peça que cada grupo crie um cartaz visual que represente diversos aspectos da diversidade (cultura, etnia, gênero, idade, habilidades etc.). Eles podem utilizar recortes de revistas, desenhos, colagens e outras formas de expressão artística.

Após a criação, convide os grupos a apresentarem seus cartazes e a explicarem os elementos escolhidos. Discuta como a representação da diversidade pode promover o respeito, a aceitação e a celebração das diferenças.

Além disso

O tempo estimado para esta atividade, bem como para todas as outras, é mera sugestão e pode variar de acordo com o grau de engajamento e maturidade da turma e também com o fato de as atividades serem realizadas em sala ou se partes delas sejam passadas como atividades de casa.

Sempre que os alunos criam materiais visuais como esses, é bom reservar espaço e momento para eles serem expostos não só na sala, mas também em locais diferentes, de maneira que outras turmas vejam a produção dos colegas.

A seguir, apresento um roteiro para organizar esta atividade como um pequeno projeto e para orientar os alunos sobre o que incluir em seus cartazes.

Título: "Celebrando a riqueza da diversidade"

Elementos do cartaz:

1. Imagens representativas: Selecione imagens variadas que ilustrem os diferentes aspectos da diversidade, como pessoas de diferentes raças, etnias, idades, gêneros, religiões etc. Procure utilizar imagens que transmitam uma mensagem positiva e inclusiva.

2. Citações inspiradoras: Inclua citações de personalidades reconhecidas que abordem a importância da diversidade, do respeito às diferenças e da valorização da pluralidade. Exemplos: "A diversidade garante que crianças possam sonhar, sem colocar fronteiras ou barreiras para o futuro e os sonhos delas" (Malala Yousafzai); "Está na hora de os pais ensinarem aos jovens desde cedo que existe beleza e força na diversidade" (Maya Angelou).

3. Informações educativas: Apresente dados, estatísticas ou informações relevantes sobre a diversidade em sua comunidade ou no mundo. Por exemplo: "Existem mais de 7 mil línguas faladas no mundo" ou "Nosso país é composto por pessoas de mais de 100 origens étnicas diferentes".

4. Chamada à ação: Inclua uma mensagem clara que convide os alunos a se envolverem e a promoverem a diversidade. Por exemplo: "Junte-se a nós para celebrar e respeitar a diversidade em nossa comunidade".

5. Design e layout: Utilize cores, fontes e estilos gráficos que transmitam uma atmosfera acolhedora e inclusiva. Organize os elementos de forma harmoniosa e equilibrada no cartaz. Você também pode adicionar espaços interativos, como:

- Área para os alunos colarem adesivos ou escreverem mensagens de apoio à diversidade.
- Recursos adicionais, como um QR Code para acesso a informações complementares.

Simulações de situações interculturais

Material: folhas com situações interculturais escritas.

Tempo: 50 minutos.

Passo a passo

Prepare cenários de interação entre pessoas de diferentes culturas, *backgrounds* ou perspectivas. Então, divida a turma em grupos e atribua um cenário a cada grupo. Peça que eles atuem na situação, buscando demonstrar empatia, compreensão e respeito pelas diferentes visões de mundo.

Após as encenações, conduza uma discussão sobre os desafios e as estratégias encontradas para lidar com as diferenças culturais de forma construtiva. Reflita sobre a importância de desenvolver competências interculturais para promover a inclusão e a coesão social.

Além disso
Você pode pedir que os alunos pesquisem na internet sobre hábitos, costumes, modos de agir, enfim, costumes culturais de outros países e eles mesmos levarem as situações que podem acontecer. Então, na aula, os cartões com os cenários podem ser misturados com cartões de outros alunos, e todos poderão participar da atividade.

A seguir, apresento três exemplos de cenários que podem ser conflitantes quando duas pessoas de culturas diferentes interagem:

Cenário 1
Reunião de negócios entre brasileiros e japoneses

Uma empresa brasileira recebe a visita de potenciais parceiros japoneses para uma reunião de negócios. Durante as apresentações iniciais, os brasileiros se mostram muito animados, fazendo brincadeiras e piadas, enquanto os japoneses mantêm uma postura formal e séria. Quando a reunião começa, os brasileiros interrompem frequentemente uns aos outros para dar suas opiniões, enquanto os japoneses esperam com paciência sua vez de falar. Além disso, os brasileiros se atrasam para o início da reunião, algo que incomoda os pontuais japoneses. Essas diferenças culturais relacionadas a estilos de comunicação e pontualidade geram alguns momentos de desconforto, dificultando o entendimento mútuo.

Cenário 2
Turista americano em uma festa brasileira

Um turista americano é convidado para uma festa típica brasileira, com muita música, dança e comida. Ele fica surpreso com a maneira descontraída e efusiva dos brasileiros, que se cumprimentam com abraços, beijos no rosto e brincadeiras. O americano, acostumado a uma maior distância pessoal, sente-se invadido em seu espaço. Além disso, ele estranha o volume alto da música e o ritmo frenético da festa, preferindo manter-se mais reservado em um canto. Quando os brasileiros o convidam para dançar, ele se recusa, o que é interpretado como antipatia pelos anfitriões. Essa diferença de estilos de socialização e expressão corporal gera um certo desconforto e mal-entendido entre o turista e os brasileiros presentes.

Cenário 3
Família brasileira recebendo um hóspede australiano

Uma família brasileira recebe em sua casa um hóspede australiano que está de intercâmbio na cidade. Durante a estadia, a família brasileira se surpreende com a maneira descontraída e direta do australiano, que muitas vezes interrompe as conversas e faz piadas em um volume alto. Para os brasileiros, isso parece uma falta de educação e respeito. Por sua vez, o australiano fica incomodado com a frequência com que a família brasileira toca nele, como ao dar tapinhas nas costas ou segurar seu braço. Essa diferença de normas sociais e de espaço pessoal gera alguns momentos de atrito e necessidade de adaptação mútua.

Árvore da comunidade

Material: papel pardo ou cartolina com o desenho de uma árvore feito por você, canetinhas.

Tempo: 20-30 minutos.

Passo a passo

Desenhe uma árvore grande em um papel ou use uma cartolina. Então, peça aos participantes que escrevam ou desenhem ações positivas e gentis que podem ser feitas para ajudar a comunidade ou os outros. Depois que finalizarem, cada participante coloca sua ação na árvore, criando uma "folhagem" de boas ações.

Durante a atividade, promova uma discussão sobre a importância de ajudar os outros e como pequenas ações podem ter um impacto significativo na comunidade.

Além disso

Você pode propor que os próprios alunos desenhem a árvore na folha de cartolina ou papel pardo. Também pode levar modelos de folhas para serem cortadas em papéis e dar uma ou mais folhas para cada aluno colocar na árvore com suas ações positivas escritas.

Os desenhos também podem ser usados como "frutos" dessa árvore, se achar que vai ficar mais criativo dessa forma.

Detetive social

Material: papéis ou cartões com uma situação social descrita.
Tempo: duas aulas de 50 minutos.

Passo a passo

Os alunos são divididos em equipes, e cada equipe recebe um cenário ou problema social para investigar. As equipes devem pesquisar e coletar informações sobre o problema, buscando entender as causas, consequências e possíveis soluções. Depois, cada grupo apresenta seus achados e propõe ações concretas para lidar com o problema.

Esta dinâmica incentiva a pesquisa, a análise crítica e a conscientização sobre questões sociais, promovendo a consciência social e a capacidade de agir positivamente.

Além disso

A seguir, sugiro alguns cenários que você pode utilizar em sua sala. Você pode adaptar a partir dessas opções ou criar seus próprios cenários para os alunos investigarem.

Cenário 1
Desigualdade de renda e acesso à educação

Seu município enfrenta uma grande disparidade no acesso a uma educação de qualidade entre bairros ricos e pobres. Enquanto as escolas em áreas mais ricas oferecem ótima infraestrutura, tecnologia e oportunidades extracurriculares, as escolas em comunidades de baixa renda lutam com falta de recursos, turmas lotadas e professores malremunerados. Essa desigualdade educacional limita as chances de mobilidade social e perpetua um ciclo de pobreza.

Cenário 2
Discriminação e preconceito contra minorias
Sua escola tem enfrentado crescentes casos de *bullying*, exclusão e tratamento preconceituoso contra alunos de diferentes origens étnicas, orientações sexuais e identidades de gênero. Isso gera um ambiente hostil, afetando a autoestima, o desempenho acadêmico e a saúde mental desses estudantes. É necessário promover uma cultura de respeito, empatia e inclusão.

Cenário 3
Impactos ambientais e acesso à infraestrutura básica
Sua comunidade convive com sérios problemas ambientais, como poluição do ar e da água, falta de saneamento básico e gerenciamento inadequado de resíduos. Isso afeta negativamente a saúde e a qualidade de vida, especialmente nas regiões mais carentes. Além disso, a falta de investimento em infraestrutura urbana, como transporte público e áreas de lazer, limita o acesso a oportunidades.

Cenário 4
Gravidez na adolescência e acesso à saúde sexual
Sua região tem altas taxas de gravidez na adolescência, muitas vezes relacionadas a falta de educação sexual, acesso limitado a métodos contraceptivos e tabus culturais em torno da sexualidade. Isso interrompe os estudos e o desenvolvimento de jovens, gerando consequências sociais e econômicas.

Peça aos alunos que pesquisem sobre as causas, consequências e possíveis soluções para cada um desses (ou outros) problemas sociais. Incentive-os a propor ações concretas que eles e a comunidade possam realizar para lidar com essas questões de forma responsável e engajada.

Este tipo de atividade ajuda a desenvolver habilidades importantes, como pensamento crítico, pesquisa, colaboração e senso de responsabilidade social.

Cadeiras do empoderamento

Material: papel e caneta, tiras de papel com problemas sociais anotados, acesso à internet e a computador, *laptop* ou celulares para pesquisas.
Tempo: 50-100 minutos.

Passo a passo

Coloque várias cadeiras em círculo. Cada cadeira representa uma questão social ou um grupo marginalizado, e cada participante pode escolher qual cadeira vai querer representar. Eles terão um tempo determinado para fazer pesquisa sobre o tema disponível na cadeira escolhida.

Depois de pesquisarem e fazerem as anotações, cada aluno senta na cadeira correspondente e compartilha as informações que conseguiu sobre a temática, incluindo desafios e conquistas nesse aspecto. O grupo discute, então, estratégias e ações para apoiar e empoderar esses grupos ou intervir na questão, promovendo a conscientização e a ação social.

Além disso

Listo a seguir alguns exemplos de problemas sociais e grupos marginalizados que podem estar representados em cada cadeira.

Logo após o quadro com os exemplos de problemas sociais e grupos marginalizados, a fim de ilustrar algumas informações que os alunos podem trazer para representar o grupo marginalizado ou a questão social escolhida, seguem alguns exemplos para servir de orientação para o trabalho.

Problemas sociais:

1. Desigualdade de renda e pobreza

2. Discriminação e preconceito

3. Acesso desigual à educação de qualidade

4. Falta de oportunidades de emprego e renda

5. Violência e criminalidade
6. Problemas de saúde pública (como doenças, dependência química, saúde mental)
7. Questões de gênero (como violência doméstica, desigualdade salarial)
8. Questões ambientais (como poluição, mudanças climáticas, acesso a saneamento)
9. Migração e refugiados
10. Acesso limitado a serviços públicos (transporte, moradia, assistência social)

Grupos marginalizados:

1. Minorias étnicas e raciais
2. Pessoas em situação de pobreza e extrema pobreza
3. Pessoas com deficiência
4. Populações LGBTQIA+
5. Mulheres e meninas
6. Crianças e adolescentes em vulnerabilidade social
7. Pessoas idosas
8. Imigrantes e refugiados
9. Comunidades indígenas
10. Pessoas em situação de rua
11. Trabalhadores informais e precários
12. Pessoas com transtornos mentais ou dependência química

Modelo de anotações que os alunos podem fazer em suas pesquisas

Desigualdade de renda e pobreza

- A desigualdade de renda tem aumentado em muitos países nas últimas décadas. Dados mostram que o 1% mais rico da população mundial detém uma parcela cada vez maior da riqueza global.

- A pobreza extrema (pessoas vivendo com menos de US$ 1,90 por dia) caiu drasticamente nas últimas décadas, de 36% da população mundial em 1990 para cerca de 10% em 2015. No entanto, ainda existem centenas de milhões de pessoas vivendo abaixo da linha da pobreza.

- Programas de transferência de renda, como o Bolsa Família no Brasil, têm ajudado a reduzir a pobreza e a desigualdade em diversos países em desenvolvimento.

- Investimentos em educação, saúde e infraestrutura são essenciais para criar oportunidades e mobilidade social para populações em situação de pobreza.

Discriminação e preconceito

- Grupos étnicos, raciais, religiosos e LGBTQIA+ enfrentam diversas formas de discriminação, como acesso desigual a empregos, serviços públicos e oportunidades.

- Mulheres ainda enfrentam disparidades salariais, violência de gênero e sub-representação em cargos de liderança.

- Pessoas com deficiência muitas vezes têm dificuldade de inclusão no mercado de trabalho e acesso a serviços públicos.

- Avanços na legislação antidiscriminatória, políticas de ação afirmativa e campanhas de conscientização têm ajudado a combater o preconceito em diversos países.

Acesso à educação

- Houve uma expansão significativa do acesso à educação básica em todo o mundo nas últimas décadas, com aumento das taxas de matrícula.

- No entanto, persistem desafios de qualidade, evasão escolar e disparidades no acesso à educação entre grupos socioeconômicos e regiões.

- Investimentos em infraestrutura escolar, formação de professores e programas de inclusão têm sido importantes para melhorar o acesso e a qualidade da educação.

Análise de notícias

Material: jornais impressos recentes ou links para acesso a jornais digitais ou folhas com a notícia impressa.

Tempo: 50 minutos.

Passo a passo

Selecione uma notícia recente sobre alguma questão social relevante (p. ex.: protesto de grupos minoritários). Peça que os alunos, individualmente ou em duplas, leiam a notícia e identifiquem os principais pontos, como:

• Quais são os desafios enfrentados pelo grupo envolvido?
• Que emoções e perspectivas diferentes são apresentadas?
• Quais soluções ou ações são propostas?

Organize uma discussão em grupo, incentivando os alunos a compartilharem suas análises e refletirem sobre a importância da consciência social.

Além disso

Uma alternativa de realização desta dinâmica é pedir previamente que os alunos busquem notícias de jornais sobre alguma questão social que seja relevante e que eles se preparem, de modo individual ou em pequenos grupos, para apresentar para a turma o que descobriram lendo a notícia e suas reflexões acerca de como a temática foi tratada no jornal.

Linha do tempo de conquistas sociais

Material: acesso à internet, folhas (para imprimir ou escrever informações da linha do tempo).

Tempo: duas aulas de 50 minutos.

Passo a passo

Divida a turma em pequenos grupos. Cada grupo deve pesquisar sobre conquistas importantes de um grupo marginalizado (p. ex.: movimentos pelos direitos civis). Peça que criem uma linha do tempo com as principais conquistas desse grupo.

Depois, solicite que cada grupo apresente sua linha do tempo à turma, explicando a relevância dessas conquistas para o desenvolvimento da consciência social. Promova uma discussão sobre como podemos continuar avançando na promoção da igualdade e da inclusão social.

Além disso

Se os alunos conseguirem utilizar recursos digitais, poderão agilizar a coleta e a organização das informações.

Segue exemplo de linha do tempo, trabalhando a temática das conquistas do movimento pelos direitos civis nos Estados Unidos.

1954 – Decisão da Suprema Corte no caso Brown vs. Board of Education, declarando inconstitucionais as leis de segregação racial nas escolas públicas.

1955 – Boicote aos ônibus de Montgomery, liderado por Rosa Parks e Martin Luther King Jr., desafiando a segregação racial nos transportes públicos.

1963 – Marcha sobre Washington, com o discurso icônico de Martin Luther King Jr. "Eu tenho um sonho", pela igualdade de direitos.

1964 – Aprovação da Lei dos Direitos Civis, proibindo a discriminação com base em raça, cor, religião, sexo ou origem nacional.

1965 – Aprovação da Lei do Direito de Voto, garantindo o direito de voto a todos os cidadãos, independentemente da raça.

1968 – Assassinato de Martin Luther King Jr., que se torna um símbolo da luta pelos direitos civis.

1973 – Decisão da Suprema Corte no caso Roe vs. Wade, reconhecendo o direito constitucional ao aborto.

1990 – Aprovação da Lei para Americanos com Deficiência, proibindo a discriminação e exigindo acessibilidade.

2008 – Eleição de Barack Obama, primeiro presidente afro-americano dos Estados Unidos.

2020 – Protestos generalizados contra a violência policial e o racismo sistêmico, revitalizando o movimento Black Lives Matter.

Campanha de conscientização

Material: acesso à internet, papel, caneta, celulares.

Tempo: 20-30 minutos.

Passo a passo

Peça que os alunos, individualmente ou em duplas, escolham uma causa social. Dê alguns exemplos de causas sociais relevantes, como combate ao racismo, promoção da equidade de gênero, inclusão de pessoas com deficiência etc. Oriente-os a pesquisar mais sobre a causa escolhida, entendendo os principais desafios e necessidades ligados a ela.

Diga que eles vão criar uma campanha de conscientização relacionada a essa causa, incluindo elementos como:

1 ## Cartazes ou infográficos:

- Solicite que os alunos criem cartazes ou infográficos informativos sobre a causa, com dados, estatísticas e mensagens-chave.
- Enfatize a importância de utilizar um *design* atrativo e linguagem clara para engajar o público.

2 ## Vídeos ou *spots* de rádio:

- Peça que os alunos produzam vídeos curtos (1-2 minutos) ou *spots* de rádio com depoimentos e apelos à ação.
- Eles podem entrevistar membros da comunidade escolar ou criar encenações para transmitir o recado.

3 ## Atividades ou eventos:

- Solicite que os alunos proponham atividades ou eventos para envolver a comunidade escolar.
- Podem ser desde feiras de consciência social, palestras, exibição de filmes, até oficinas e gincanas.
- O objetivo é promover um engajamento ativo da comunidade.

Reserve um período para que eles apresentem suas propostas de campanha para a turma. Peça que expliquem os objetivos, estratégias e elementos-chave de suas campanhas. Incentive a turma a fornecer *feedbacks* construtivos e sugestões de melhoria.

Por fim, discuta com a turma os impactos potenciais dessas campanhas na promoção da consciência social. Aborde temas como:

- eficácia na conscientização e no engajamento da comunidade;
- desafios e obstáculos que podem surgir;
- maneiras de amplificar o alcance e o efeito da campanha.

Encoraje os alunos a refletirem sobre como eles podem aplicar esses aprendizados no dia a dia.

Além disso

Talvez você possa se reunir com professores de Artes, História e demais interessados e juntos promoverem uma volta ao quarteirão da escola para que os alunos façam uma passeata de conscientização sobre um dos problemas sociais escolhidos. Para isso, é necessário ensaiar, ajudar os alunos a confeccionar cartazes e faixas de protesto ou até mesmo ensaiar com os alunos da banda da escola para fazerem a atividade em conjunto, gerando maior repercussão no entorno da sua unidade escolar.

Papel na parede

Material: papel kraft ou papelão grandes.

Tempo: 20-30 minutos.

Passo a passo

Divida a turma em grupos de cinco a seis alunos. Forneça a cada grupo um pedaço grande de papel kraft ou papelão e peça que desenhem uma "pessoa na parede", representando um grupo marginalizado (p. ex.: uma pessoa com deficiência).

Oriente-os a preencher o "corpo" dessa "pessoa" com informações sobre os desafios, necessidades e aspirações do grupo marginalizado ao qual ela pertence. Depois, solicite que cada grupo de alunos apresente seu "papel na parede" à turma, explicando suas descobertas. Promova uma discussão sobre como podemos desenvolver mais empatia e apoio a esses grupos.

Além disso

Caso os alunos façam o trabalho em papelão, você pode sugerir que os grupos recortem seus cartazes no formato do corpo que desenharam e buscar criar suportes para que esses "corpos" sejam dispostos em várias áreas da escola. Mesmo no papel kraft, os alunos podem recortar e exibir seus trabalhos nos murais da escola ou outros lugares em que for permitido.

A seguir há exemplos de palavras relacionadas a dois grupos de minorias. A lista não pretende ser exaustiva, mas, antes, apenas servir de inspiração e orientação para a atividade.

1 Pessoas com deficiência física:

- Acessibilidade
- Mobilidade
- Adaptações
- Tecnologia assistiva
- Reabilitação
- Autonomia
- Inclusão educacional
- Emprego e carreira
- Políticas públicas
- Assistência social
- Vida independente
- Saúde e bem-estar
- Atividades de lazer
- Transporte adaptado
- Preconceito
- Estigma
- Acessibilidade digital

2 Pessoas LGBTQIA+:

- Identidade de gênero
- Orientação sexual
- Diversidade sexual
- Heteronormatividade
- Sexualidade
- Direitos LGBTQIA+
- Casamento igualitário
- Adoção
- Famílias arco-íris
- Violência devido à LGBTQIA+fobia
- Saúde mental
- Aceitação familiar
- Representatividade
- Visibilidade
- Comunidade LGBTQIA+
- Ativismo e militância
- Educação inclusiva
- Emprego e carreira
- Políticas públicas

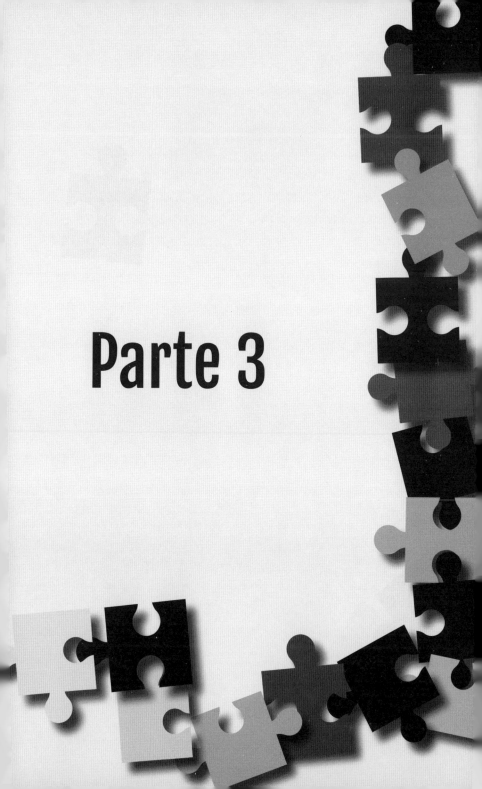
Parte 3

Práticas de autocuidado para professores

Colegas professores,

A gente cuida de tanta gente ao mesmo tempo, tanto na escola como na nossa família, não é verdade?

Mas como podemos cuidar das emoções dos nossos alunos se não cuidarmos de nós mesmos?

Os índices de ansiedade e depressão entre professores estão cada vez maiores, e uma das principais causas de afastamento de sala de aula é justamente a questão da saúde emocional. Então, não poderia deixar de aproveitar o espaço deste livro para compartilhar algumas ideias simples e sugestões práticas para que nós todos possamos nos cuidar.

Que possamos criar espaço em nossas vidas para cuidarmos da gente. Porque só assim estaremos prontos, energizados, renovados para enfrentar a nossa realidade escolar – que, muitas vezes, é dura, extenuante e até desanimadora.

Você deve ter observado que, para cada uma das habilidades socioemocionais, este livro trouxe 12 atividades ou dinâmicas para ajudar nossos alunos a desenvolverem aquela habilidade.

Então, em nome do equilíbrio de informações, apresento nas próximas páginas 12 práticas restaurativas que o professor pode fazer para cuidar de suas habilidades socioemocionais, renovar suas energias e manter sua saúde emocional.

Todas elas são atividades que podemos fazer sozinhos. Algumas não levam mais do que alguns minutos e são facilmente encaixadas na nossa rotina diária.

Porém, antes de seguirmos para elas, preciso deixar um alerta para todos nós. Sim, claro, eu me incluo: se sentir que só as práticas de autocuidado não estão sendo suficientes para "recarregar" suas energias, se sentir longos períodos de tristeza, desânimo, angústia ou seja lá o que for, por favor, procure um terapeuta ou médico especializado. Sim, um psicólogo ou um psiquiatra. Nem sempre damos conta sozinhos do peso que temos que carregar.

Se precisar, peça ajuda. Só assim você continuará conseguindo ser essa fonte de inspiração e ajuda para seus alunos.

Combinado?

Prática de gratidão

1. Encontre um momento tranquilo do dia para refletir sobre as coisas pelas quais você está grato.

2. Faça uma lista mental ou escreva em um diário as pessoas, os eventos ou as experiências que você valoriza.

3. Concentre-se em sentir a sensação de gratidão no corpo e na mente.

4. Termine a prática agradecendo a si mesmo por ter tomado esse tempo para refletir.

Meditação guiada

1. Encontre um local confortável e tranquilo para se sentar. Baixe um aplicativo de meditação guiada ou siga uma gravação online.

2. Feche os olhos e siga as instruções do guia, concentrando-se em sua respiração e nas sensações corporais.

3. Permita-se relaxar e soltar quaisquer tensão ou pensamentos inquietantes.

4. Termine a meditação com alguns momentos de silêncio e reconhecimento de seus sentimentos.

Exercícios de respiração

1. Encontre um lugar tranquilo e sente-se em uma posição confortável.

2. Respire lentamente, inspirando pelo nariz e expirando pela boca.

4. Concentre-se em cada inalação e exalação, sentindo o ar entrar e sair.

5. Experimente diferentes técnicas, como a respiração quadrada (4 segundos para inspirar, 4 segundos para segurar, 4 segundos para expirar, 4 segundos para segurar).

6. Termine com alguns minutos de respiração natural e observe como você se sente.

Passeio consciente

1. Saia para um passeio curto, seja ao redor de um prédio, seja em um parque próximo.

2. Concentre-se em suas sensações corporais, como os pés tocando o chão e a sensação do ar na pele.

3. Observe atentamente os detalhes ao seu redor, como cores, formas, sons e cheiros.

4. Mantenha sua atenção no momento presente, evitando pensamentos sobre o passado ou o futuro.

5. Aproveite esta oportunidade de se reconectar com o mundo ao seu redor.

Prática de autocompaixão

1. Sente-se em uma posição confortável e feche os olhos.

2. Pense em uma situação em que você precisou se julgar ou se criticar.

3. Imagine como você trataria um amigo próximo que estivesse passando pela mesma situação. Seja gentil e compassivo consigo mesmo.

4. Repita frases como "Eu entendo o que estou passando" ou "Eu mereço cuidado e compreensão".

5. Termine a prática com um gesto de carinho, como colocar a mão sobre o coração.

Mapeamento emocional

1. Arrume um momento tranquilo para se sentar com papel e caneta.

2. Escreva ou desenhe como você está se sentindo emocionalmente no momento. Explore quais emoções você está experimentando e onde você as sente em seu corpo.

3. Reflita sobre o que pode estar causando essas emoções e como você pode lidar com elas de forma saudável.

4. Guarde o mapeamento emocional para revisá-lo posteriormente e observar sua evolução.

Exercícios de alongamento e relaxamento

1. Encontre um espaço adequado para se movimentar sem obstáculos.

2. Comece com exercícios de alongamento suaves, focando diferentes grupos musculares.

3. Concentre-se na respiração e na sensação de soltar a tensão.

4. Em seguida, experimente técnicas de relaxamento, como a tensão e a liberação muscular progressiva.

5. Termine a prática com alguns minutos de descanso, observando como se sente em relação a seu corpo e sua mente.

Conexão com a natureza

1. Identifique um local natural próximo, como um parque, um jardim ou um bosque.

2. Caminhe lentamente, observando os detalhes ao seu redor com todos os seus sentidos.

3. Encontre um lugar confortável para se sentar e simplesmente observar, ouvir e sentir a energia da natureza.

4. Faça uma conexão interna com os elementos naturais, sentindo-se parte desse ambiente.

5. Termine a prática expressando gratidão pela oportunidade de se reconectar com a natureza.

Escrita terapêutica

1. Encontre um momento tranquilo, com papel e caneta ou um arquivo digital.

2. Escreva livremente a respeito de seus pensamentos, emoções e experiências recentes. Não se preocupe com a estrutura ou a gramática, apenas deixe fluir.

3. Explore temas como seus desafios, sucessos, medos ou desejos.

4. Releia o que você escreveu e reflita sobre *insights* ou padrões que possam surgir.

Prática de *mindfulness*

1. Escolha uma atividade cotidiana, como tomar um café, lavar as mãos ou caminhar. Concentre-se completamente nessa atividade, usando todos os seus sentidos.

2. Observe os movimentos, sensações, cheiros e sons com atenção plena.

3. Quando sua mente se distrair, gentilmente traga sua atenção de volta para o momento presente.

4. Termine a prática com alguns momentos de reflexão sobre como você se sente.

Visualização guiada

1. Encontre um local tranquilo e confortável para se sentar ou deitar.

2. Feche os olhos e siga uma gravação de uma visualização guiada ou crie sua própria imagem mental.

3. Imagine um cenário relaxante, como uma praia, uma floresta ou uma montanha.

4. Experimente todos os seus sentidos, visualizando os detalhes, sons, cheiros e sensações. Permita-se relaxar profundamente nesse ambiente imaginário.

Círculo de apoio

1. Identifique um grupo de colegas de trabalho ou amigos em quem você confia. Combine um encontro regular, seja presencial ou online, para se reunirem.

2. Durante o encontro, cada pessoa tem a oportunidade de compartilhar como está se sentindo emocionalmente.

3. Os outros participantes oferecem apoio, validação e sugestões de como lidar com os desafios.

4. Termine a reunião expressando gratidão pelo apoio e pelo compromisso de cuidar uns dos outros.

Conheça outros títulos da autora em

livrariavozes.com.br/solimar

Conecte-se conosco:

f facebook.com/editoravozes

◉ @editoravozes

𝕏 @editora_vozes

▶ youtube.com/editoravozes

◯ +55 24 2233-9033

www.vozes.com.br

Conheça nossas lojas:
www.livrariavozes.com.br

Belo Horizonte – Brasília – Campinas – Cuiabá – Curitiba
Fortaleza – Juiz de Fora – Petrópolis – Recife – São Paulo

EDITORA VOZES LTDA.
Rua Frei Luís, 100 – Centro – Cep 25689-900 – Petrópolis, RJ
Tel.: (24) 2233-9000 – E-mail: vendas@vozes.com.br